CIBERCRIMES FINANCEIROS COM CRIPTOATIVOS
O NOVO MARCO REGULATÓRIO
(LEI Nº 14.478/2022)

ARTUR BARBOSA DA SILVEIRA

Prefácio
Marcelo Costenaro Cavali

CIBERCRIMES FINANCEIROS COM CRIPTOATIVOS
O NOVO MARCO REGULATÓRIO (LEI Nº 14.478/2022)

Belo Horizonte

FÓRUM
CONHECIMENTO JURÍDICO

2023

© 2023 Editora Fórum Ltda.

É proibida a reprodução total ou parcial desta obra, por qualquer meio eletrônico, inclusive por processos xerográficos, sem autorização expressa do Editor.

Conselho Editorial

Adilson Abreu Dallari
Alécia Paolucci Nogueira Bicalho
Alexandre Coutinho Pagliarini
André Ramos Tavares
Carlos Ayres Britto
Carlos Mário da Silva Velloso
Cármen Lúcia Antunes Rocha
Cesar Augusto Guimarães Pereira
Clovis Beznos
Cristiana Fortini
Dinorá Adelaide Musetti Grotti
Diogo de Figueiredo Moreira Neto (in memoriam)
Egon Bockmann Moreira
Emerson Gabardo
Fabrício Motta
Fernando Rossi
Flávio Henrique Unes Pereira

Floriano de Azevedo Marques Neto
Gustavo Justino de Oliveira
Inês Virgínia Prado Soares
Jorge Ulisses Jacoby Fernandes
Juarez Freitas
Luciano Ferraz
Lúcio Delfino
Marcia Carla Pereira Ribeiro
Márcio Cammarosano
Marcos Ehrhardt Jr.
Maria Sylvia Zanella Di Pietro
Ney José de Freitas
Oswaldo Othon de Pontes Saraiva Filho
Paulo Modesto
Romeu Felipe Bacellar Filho
Sérgio Guerra
Walber de Moura Agra

CONHECIMENTO JURÍDICO

Luís Cláudio Rodrigues Ferreira
Presidente e Editor

Coordenação editorial: Leonardo Eustáquio Siqueira Araújo
Aline Sobreira de Oliveira

Rua Paulo Ribeiro Bastos, 211 – Jardim Atlântico – CEP 31710-430
Belo Horizonte – Minas Gerais – Tel.: (31) 99412.0131
www.editoraforum.com.br – editoraforum@editoraforum.com.br

Técnica. Empenho. Zelo. Esses foram alguns dos cuidados aplicados na edição desta obra. No entanto, podem ocorrer erros de impressão, digitação ou mesmo restar alguma dúvida conceitual. Caso se constate algo assim, solicitamos a gentileza de nos comunicar através do *e-mail* editorial@editoraforum.com.br para que possamos esclarecer, no que couber. A sua contribuição é muito importante para mantermos a excelência editorial. A Editora Fórum agradece a sua contribuição.

Dados Internacionais de Catalogação na Publicação (CIP) de acordo com ISBD

S587c	Silveira, Artur Barbosa da
	Cibercrimes financeiros com criptoativos: o novo marco regulatório (Lei nº 14.478/2022) / Artur Barbosa da Silveira. - Belo Horizonte : Fórum, 2023.
	166p.; 14,5cm x 21,5cm.
	ISBN 978-65-5518-498-3
	1. Direito. 2. Direito financeiro. 3. Cibercrimes financeiros. 4. Lavagem de dinheiro. 5. Criptoativos. 6. Criptomoedas. 7. Novo Marco Regulatório (Lei nº 14.478/2022). I. Título.
	CDD 343.8103
2022-4056	CDU 351.72

Elaborado por Vagner Rodolfo da Silva - CRB-8/9410

Informação bibliográfica deste livro, conforme a NBR 6023:2018 da Associação Brasileira de Normas Técnicas (ABNT):

SILVEIRA, Artur Barbosa da. *Cibercrimes financeiros com criptoativos*: o novo marco regulatório (Lei nº 14.478/2022). Belo Horizonte: Fórum, 2023. 166 p. ISBN 978-65-5518-498-3.

A Deus, minha fé e eterna gratidão.

Aos meus pais Gislaine e Adonai e à minha irmã Cristiane, meu amor infinito.

Aos meus sobrinhos Isabela e Igor, meu amor incondicional e a certeza que estaremos sempre juntos.

Agradeço aos doutores, mestres, professores e profissionais do Direito citados na bibliografia da presente obra, que contribuíram, direta ou indiretamente, para o meu aprendizado e para o lançamento desta edição, em especial ao professor Doutor Marcelo Costenaro Cavali, pela orientação e pelos grandes ensinamentos no programa de Doutorado em Direito da Universidade Nove de Julho.

SUMÁRIO

PREFÁCIO
Marcelo Costenaro Cavali 11

INTRODUÇÃO 15

CAPÍTULO 1
OS CRIPTOATIVOS NA SOCIEDADE CONTEMPORÂNEA 21

1.1 A era da informação e do metaverso: o surgimento dos criptoativos e dos cibercrimes e o papel do Direito 21
1.2 Os criptoativos no universo *blockchain*: conceito, características, principais propriedades e funções 30
1.3 A natureza jurídica dos criptoativos à luz do entendimento das autoridades do Sistema Financeiro Nacional: o Parecer de Orientação nº 40, de 11 de outubro de 2022, da Comissão de Valores Mobiliários 36
1.4 Direito comparado: breve síntese da regulação dos criptoativos no mundo e sua influência no direito brasileiro 49

CAPÍTULO 2
A NOVA ESTRUTURAÇÃO DAS RELAÇÕES DE PODER ESTATAL EM UM MUNDO SEM FRONTEIRAS 59

2.1 Noções de poder do Estado de acordo com a doutrina clássica e a evolução dos direitos fundamentais 59
2.2 A sociedade da vigilância: o incremento do poder estatal na era da informação 66
2.3 Os necessários limites e parâmetros na regulação administrativa e criminal 71

CAPÍTULO 3
OS CIBERCRIMES E SUA NECESSÁRIA INTERRELAÇÃO COM AS POLÍTICAS PÚBLICAS CRIMINAIS AO REDOR DO MUNDO: A POSIÇÃO DO BRASIL 79

3.1 A experiência internacional nos acordos de combate aos cibercrimes e a questão da soberania dos Estados 79

3.2　A institucionalização de políticas públicas como ferramenta potencialmente eficaz contra a prática de crimes cibernéticos..............89
3.3　A posição do Brasil: previsão legislativa e alguns exemplos de políticas públicas atualmente adotadas pelo nosso país no combate aos crimes cibernéticos..............95

CAPÍTULO 4
CIBERCRIMES FINANCEIROS: PRINCIPAIS CRÍTICAS AO NOVO MARCO REGULATÓRIO DOS CRIPTOATIVOS..............101

4.1　A competência da Segurança Pública, do Ministério Público e do Poder Judiciário na investigação, no processo e no julgamento dos cibercrimes financeiros envolvendo criptoativos..............101
4.2　A autorregulação do sistema e a ausência de controle centralizado das criptomoedas como fatores facilitadores da atuação dos cibercriminosos..............109
4.3　Breve análise dos principais projetos legislativos de regulação dos criptoativos em tramitação no país e a recente aprovação da Lei nº 14.478, de 21 de dezembro de 2022..............119
4.4　Críticas ao novo marco regulatório dos criptoativos no Brasil: cibercidadania e direitos fundamentais e seu necessário alinhamento com as necessidades institucionais investigatórias dos órgãos de persecução criminal..............134

CONCLUSÕES..............149

REFERÊNCIAS..............153

PREFÁCIO

Em meio à crise financeira global de 2008, uma revolução silenciosa iniciou-se. Nesse ano, foi publicado um artigo intitulado *Bitcoin: A Peer-to-Peer Electronic Cash System*, de autoria de um desconhecido chamado Satoshi Nakamoto,[1] no qual o autor estabeleceu as bases um sistema eletrônico de pagamentos completamente descentralizado, independente de uma autoridade monetária central para a emissão de moeda ou para a realização e validação de transações.[2] As transações seriam registradas em um sistema contábil público compartilhado, formado por uma cadeia de blocos de informações criptografadas (*blockchain*),[3] uma espécie de livro-razão, que garantiria fidedignidade às transações.

Não é possível exagerar o tamanho dessa novidade – denominada *bitcoin* – para o sistema financeiro e para o Estado como um todo. Dada a potencial substituição das moedas fiduciárias por moedas virtuais criadas e compartilhadas por quaisquer pessoas, tanto a emissão de moeda, uma das mais resistentes fortalezas do Estado Moderno, como a realização eletrônica de suas transações, dominada por poderosas instituições financeiras, ameaçavam ruir.

A partir do sucesso do *bitcoin*, surgiram múltiplas outras espécies de ativos virtuais (ou criptoativos), que podem ser definidas, de forma ampla, como "ativos virtuais, protegidos por criptografia, presentes exclusivamente em registros digitais, cujas operações são executadas e armazenadas em uma rede de computadores".[4] A utilização da tecnologia *blockchain* e de algoritmos de criptografia permitiu a construção de ativos virtuais com diversas finalidades – e não unicamente aquelas inerentes à moeda –, como a de servirem de instrumentos de trocas por brindes, produtos ou serviços, ou de títulos representativos de participação em empreendimentos.

---

[1] Disponível em: https://bit.ly/2FRI2P3. Em verdade, não se sabe se Satoshi Nakamoto realmente é um nome verdadeiro ou um codinome utilizado por um ou vários programadores.
[2] PRASAD, Eswar S. *The future of money*. Cambridge: The Belknap Harvard University Press, 2021. p. 106-107.
[3] Sobre o funcionamento e as origens do *bitcoin*, cf. ANTONOPOULOS, Andreas M. *Mastering Bitcoin*. O'Reilly: Sebastopol, 2014.
[4] A definição é da Comissão de Valores Mobiliários. Disponível em: https://bit.ly/34nCgPa.

A empolgação com o potencial disruptivo dos criptoativos, porém, obnubilou seus possíveis efeitos colaterais. A veloz disseminação desses títulos não se fez acompanhar de uma regulação tempestiva. Os efeitos foram nefastos.

Mas, antes de falar deles, voltemos um pouco mais no tempo.

Antes do *crash* da Bolsa de Nova Iorque, em 1929, havia nos EUA apenas leis estaduais sobre o mercado de capitais (as chamadas *blue sky laws*). A falta de uma regulamentação confiável resultou em fraudes e manipulações disseminadas, causando enormes perdas financeiras (e suicídios).[5]

A partir de uma investigação do Congresso americano sobre as causas da quebra, foram elaboradas duas leis fundamentais para a regulação do mercado: o *Securities Act*, de 1933, especialmente preocupado com a regulação das ofertas públicas de distribuição de valores mobiliários; e, em 1934, o *Securities Exchange Act*, voltado ao mercado secundário, que resultou na criação do primeiro órgão regulador federal do mercado, a *Securities and Exchange Comission* (SEC).[6]

Nessa terra de ninguém que era o mercado de capitais, portanto, somente quando o faroeste tornou-se mais selvagem, designou-se um xerife.

Com alguns (sérios) agravantes, temos hoje uma situação semelhante no mercado de criptoativos. A falta de regulamentação dificulta a proteção do patrimônio dos investidores, impede a fiscalização das autoridades públicas, facilita a evasão de divisas, permite a realização de fraude e manipulação disseminadas e viabiliza a utilização do mercado para lavagem de dinheiro oriundo de todo tipo de crime. As perdas financeiras, que montam a bilhões de dólares, atingem pessoas em todo o globo, dada a abrangência crescente da internet.

A história da regulação do mercado de capitais americano, com suas idas e vindas, fornece importantes subsídios que permitem identificar e prever alguns desafios que os criptoativos também deverão enfrentar – sem contar aqueles que lhe são próprios.

Por exemplo, a legislação americana não proibia – na verdade, expressamente não proíbe até hoje – a prática do uso indevido de informação privilegiada. Foi pelas mãos da SEC que se desenvolveu, mediante interpretação extensiva da lei, toda a base teórica desse ilícito

---

[5] Segundo as estatísticas colhidas por John Kenneth Galbraith, a taxa de suicídio em Nova Iorque subiu de 17.0 para cada 100.00 habitantes para 21.3 para cada 100.000 habitantes de 1929 a 1932. GALBRAITH, John Kenneth. *The Great Crash 1929*. UK: Penguin, 2021. p. 114-115.

[6] Cf. LOSS, Louis; SELIGMAN, Joel; PAREDES, Troy. *Fundamentals of securities regulation*. 6. ed. Wolters Kluwer: New York, v. 1, 2011. p. 1.

que, posteriormente, viria a se espraiar por todo o mundo. O outro ilícito mais importante nesse âmbito, a manipulação de mercado, também deve muito de seu desenvolvimento à regulação e à jurisprudência.

Depois de deixar, por bastante tempo, o faroeste correr solto, o legislador brasileiro, enfim, editou a Lei nº 14.478, de 21 de dezembro de 2022. Embora louvável a iniciativa, a nova lei tem um valor mais simbólico do que efetivo.

É verdade que foram estabelecidas algumas regras importantes, dentre as quais as seguintes: a) a exigência de autorização prévia para o funcionamento das chamadas "prestadoras de serviços de ativos virtuais" (art. 2º); b) a classificação dessas entidades como instituições financeiras para fins penais (art. 11); c) a submissão dessas entidades às obrigações de prevenção à lavagem de dinheiro, previstas na Lei nº 9.613/1998.

Vários pontos essenciais da regulação do mercado de criptoativos continuam sem definição, no entanto. Não se estabeleceu, por exemplo, qual será o órgão ou entidade responsável pela regulação do mercado de criptoativos. Também não se previu a necessária segregação do patrimônio de cada investidor dentro das *exchanges*, de modo que os recursos dos clientes continuam a ser movimentados livremente pela empresa – o que, a experiência já demonstrou, possibilita fraudes gigantescas, como ocorreu com a FTX, que ocupava a posição de segunda maior *exchange* de criptoativos do mundo até sua quebra.

No âmbito repressivo, a lei não cuidou de regular os ilícitos de uso indevido de informação privilegiada e manipulação de mercado no que diz respeito aos criptoativos – somente aqueles que se enquadrarem no conceito de valores mobiliários é que, por essa razão, estarão submetidos à regulação da CVM e aos tipos penais da Lei nº 6.385/1976.

Tampouco regulou questões importantes para a prevenção da lavagem de dinheiro, como a proibição de instrumentos de mistura de criptoativos (*digital asset mixer*), utilizada para esconder os reais responsáveis pelas transações e titulares dos valores.

Essas são apenas algumas das questões que ainda carecem de regulação. Muitas outras ainda devem surgir. É nesse terreno extremamente controverso, complexo e mutável, que congrega tecnologia de ponta, conceitos novos e áridos e lei recém-saída do forno que se insere o presente livro. Oferecer uma contribuição dogmática em condições adversas como essas é um ato de coragem.

Ato de coragem a que Artur Barbosa da Silveira não se furtou. E nem se poderia esperar dele outra atitude. Embora jovem, Artur, que atualmente é procurador do Estado de São Paulo, já acumula experiências em diversos órgãos e funções públicas, tendo atuado, como assessor, junto ao Ministério Público da União, o Tribunal de Justiça de São Paulo e o Superior Tribunal de Justiça, além de exercido a função de advogado da União.

Como aluno do programa de pós-graduação em sentido estrito da Universidade Nove de Julho, Artur destacou-se num seminário que leciono sobre mercado de capitais. Mostrou-se um estudioso sério e compenetrado, trazendo importantes contribuições, muitas delas inéditas, à discussão. O que pode gratificar mais um professor em sala de aula?

Há mais. Sempre atento, respeitoso e generoso com os colegas, Artur é um ser humano agradável, correto, educado e de boa índole – características que deveriam ser comuns, mas estão escassas em tempos de tanta polarização. Como disse Cervantes, "a humildade é a base e o fundamento de todas as virtudes e sem ela não há nenhuma que o seja".

A Artur, portanto, desejo que continue sempre interessado e curioso em aprender mais. Se prosseguir nessa linha, estou certo que de ainda oferecerá muitas contribuições relevantes à ciência jurídica brasileira – nessa senda, já está trabalhando em aguardada tese sobre o uso de criptoativos como garantia do crédito tributário nas execuções fiscais.

Ao leitor, desejo uma excelente leitura e que, a partir dessas reflexões, possam ser produzidos diálogos e críticas que aperfeiçoem a nascente regulação brasileira sobre os criptoativos.

Marcelo Costenaro Cavali
Professor da Pós-Graduação em Sentido Estrito da FGV/SP e da Universidade Nove de Julho. Pesquisador de pós-doutorado na Harvard Law School (2021-2022). Doutor em Direito Penal pela Universidade de São Paulo (2014-2017). Visiting Scholar na Columbia Law School (2015-2016). Mestre em Ciências Jurídico-Econômicas pela Universidade de Coimbra (2003-2006). Juiz Auxiliar da Corregedoria Nacional de Justiça. Foi juiz instrutor e juiz auxiliar no Supremo Tribunal Federal – Gabinete do Ministro Luís Roberto Barroso (2017-2021), juiz instrutor e juiz auxiliar no Superior Tribunal de Justiça – Gabinete da Ministra Maria Thereza Moura (2014-2017), juiz federal substituto da 6ª Vara Federal Criminal de São Paulo – especializada em crimes financeiros e lavagem de ativos (2009-2014) e juiz federal substituto da 1ª Vara Cível de Recife (2008-2009). Ex-Procurador federal (2007-2008). Graduado em Direito (2002) e especialista em Contabilidade e Finanças (2007) pela Universidade Federal do Paraná. Especialista em Direito Público pela Escola da Magistratura Federal do Paraná (2007). Especialista em Direito Penal Econômico pelo IBCCRIM-Universidade de Coimbra (2010).

INTRODUÇÃO

O avanço tecnológico, o surgimento da sociedade da informação, do metaverso e o aperfeiçoamento de novas formas de circulação de capital abriram espaço para a criação das moedas digitais, em substituição ao papel-moeda.

Nesse sentido, os criptoativos, a exemplo do *bitcoin*, são uma realidade em um mundo sem fronteiras,[1] uma vez que diversos países já os aceitam como meio legal de transações financeiras e até como moeda oficial.[2]

Historicamente, para a doutrina de Aragon,[3] o *bitcoin* foi a primeira moeda virtual descentralizada no mundo, supostamente criada pelo anônimo identificado por *Satoshi Nakamoto*, não sendo física, tampouco controlada por Bancos Centrais. Ela é produzida de

---

[1] A relativização do conceito de território geográfico é amplamente referida pela doutrina do direito econômico: "O estudo das questões de Direito Econômico não pode desconhecer que passamos de uma relação sistêmica para uma relação intersistêmica, ou seja, há uma superação dos limites territoriais centrados em uma soberania nacional. Os ordenamentos jurídicos têm de conviver, procurando uma harmonização viabilizadora de uma convivência internacional. A concorrência, a inovação, a defesa do consumidor, a empregabilidade não são mais questões que se restringem aos limites nacionais" (FONSECA, João Bosco Leopoldino da. *Direito Econômico*. Rio de Janeiro: editora Forense, 2010. p. 321).

[2] De acordo com apuração da CNN-Brasil, El Salvador foi o primeiro país do mundo a tornar o Bitcoin uma moeda legal. A partir de 07 de setembro de 2021, diversos estabelecimentos comerciais passaram a aceitar o criptoativo como método de pagamento e a moeda digital pôde ser adquirida em caixas eletrônicos, o que alertou os especialistas da área acerca sobre um possível aumento da prática dos crimes de lavagem de dinheiro naquele país (Disponível em: https://www.cnnbrasil.com.br/business/el-salvador-se-torna-o-primeiro-pais-a-adotar-bitcoins-como-moeda-oficial/. Acesso em: 23 mar.2022).

[3] ARAGON, Matheus. *Criptomoeda*: uma análise da utilização do Bitcoin na sociedade contemporânea. Instituto Federal de Santa Catarina. Florianópolis/SC: 2018. Disponível em: https://repositorio.ifsc.edu.br/bitstream/handle/123456789/394/TCC%20-%20Matheus%20Aragon.pdf?sequence=1&isAllowed=y. Acesso em: 29 mar. 2022.

forma difusa, por milhares de computadores em rede, em um processo conhecido como *mineração*, de modo que as pessoas se tornem menos dependentes de instituições financeiras oficiais para realizarem suas transações econômicas.

Para Ulrich,[4] os criptoativos consistem em moedas digitais descentralizadas, que não dependem de emissor central, podendo ser manipuladas por qualquer pessoa do mundo, sem intermediação e limite de valor, conforme o seguinte trecho de sua obra:

> Trata-se de uma moeda digital descentralizada, ou seja, ela não depende de um emissor central e pode ser transacionada para qualquer pessoa em qualquer parte do planeta sem intermediários, e, inclusive, sem limite de valor. Sem muito aprofundamento, para utilizá-la cada usuário terá de criar uma "carteira" (um programa). Ela serve para acumular os seus endereços bitcoin.

Para que determinado usuário possa acessar os seus dados e realizar transações com criptomoedas, ele necessariamente deverá dispor de um conjunto de números, consistentes em uma chave pública e uma chave privada, ambas associadas à sua conta pessoal.

Lyra[5] ensina que o *blockchain* "é um conjunto de registros contábeis públicos distribuídos, transparentes, imutáveis e sincronizados, características essas que fizeram a conceituada revista *The Economist* classificar a tecnologia como 'a máquina da confiança' (2015)".

Em termos mundiais, verificamos um crescimento gradativo na busca pela coordenação internacional para implementar uma regulamentação coesa e eficiente das transações envolvendo criptoativos, principalmente em razão da atuação das entidades internacionais, como o Fundo Monetário Internacional (FMI) e a Organização para a Cooperação e Desenvolvimento Econômico (OCDE).[6]

No nosso país, por se tratar de um método ainda recente de realização de operações financeiras, a fiscalização das transações com criptoativos encontra entraves regulatórios, sendo a identificação dos

---

[4] ULRICH, Fernando. *Bitcoin*: a moeda na era digital. São Paulo: editora Instituto Ludwig von Mises, 2014. p. 98.

[5] LYRA, João Guilherme. *Blockchain e Organizações Descentralizadas*. 1. ed. Kindle. São Paulo: editora Brasport, 2019. p. 18.

[6] BLUNDELL-WIGNALL, Adrian. The Bitcoin Question: Currency versus Trust-less Transfer Technology. OECD Working Papers on Finance, Insurance and Private Pensions. *OECD Publishing*, Paris, n. 37, 2014. Disponível em: https://doi.org/10.1787/5jz2pwjd9t20-en. Acesso em: 29 mar. 2022.

seus titulares um dos maiores desafios da segurança pública nacional, no sentido de prevenir a prática de crimes contra o sistema financeiro relacionados a tais moedas, tal como a lavagem de capitais.[7]

Bechara e Flores[8] elencam como um dos principais desafios ao combate dos crimes cibernéticos o fato de a conduta criminosa praticada pelos meios virtuais extrapolar fronteiras, causando problemas de competência territorial dos Estados-Nação.

Os delitos contra o sistema financeiro nacional – a exemplo do crime de lavagem de bens, direitos e valores[9] –, por se tratarem de infrações penais complexas, demandam a atuação conjunta de diferentes áreas de expertise, como a polícia judiciária, o Ministério Público, as procuradorias federais e estaduais, além de especialistas na área de tecnologia da informação, carecendo, em razão de tal conjuntura institucional, da promoção de políticas específicas de segurança pública por parte do Estado, a oferecer segurança jurídica, além de instrumentos legais e materiais para a investigação e apuração mais efetiva daqueles delitos.

Florêncio Filho e Zanon,[10] ao estudarem os novos contornos jurídico-institucionais do controle da lavagem de dinheiro no Brasil, afirmam que tal crime representa um grave ilícito, que merece atenção especial do estado, devendo ser controlado e regulado, em razão de suas consequências socioeconômicas nefastas:

> A lavagem de dinheiro representa um grave ilícito que deve ser controlado, em razão das sérias consequências que decorrem de tal crime: além de contribuir para perpetuação do elevado índice de corrupção no país, a lavagem de dinheiro também significa a diminuição

---

[7] Segundo a doutrina, a lei de lavagem de dinheiro estabelece como crime "o ato ou o conjunto de atos praticados por determinado agente com o objetivo de conferir aparência lícita a bens, direitos ou valores provenientes de uma infração penal (LIMA, Renato Brasileiro de. *Legislação Criminal Especial Comentada*. 7. ed. rev. atual. e ampl. Salvador: editora Jus Podivm, 2019. p. 594).

[8] BECHARA, Fábio Ramazzini; FLORES, Dimitri Molina. Crimes cibernéticos: qual é o lugar do crime para fins de aplicação da pena e determinação da competência jurisdicional? *Revista Direito Mackenzie*, São Paulo, v. 13, n. 2, p. 1-21, 2019.

[9] Lei Federal nº 9.613, de 3 de março de 1998, alterada parcialmente pela Lei Federal nº 12.683, de 09 de julho de 2012. Da redação do artigo 1º da referida lei: "Ocultar ou dissimular a natureza, origem, localização, disposição, movimentação ou propriedade de bens, direitos ou valores provenientes, direta ou indiretamente, de infração penal", extrai-se o enquadramento dos criptoativos como "bens, direitos ou valores" passíveis de lavagem.

[10] FLORÊNCIO, M. A.; BARRICELLI ZANON, P. (2021). Novos contornos jurídico institucionais de controle da lavagem de dinheiro no Brasil. *Delictae Revista De Estudos Interdisciplinares Sobre O Delito*, v. 6, n. 11. Disponível em: https://doi.org/10.24861/25265180.v6i11.161. Acesso em: 01 nov. 2022.

de investimentos públicos em benefício da sociedade e indiretamente acentua a desigualdade social.

Não se olvida que a Lei nº 12.683, de 09 de julho de 2012, que alterou dispositivos da Lei nº 9.613/1998, "para tornar mais eficiente a persecução penal dos crimes de lavagem de dinheiro",[11] avançou nesse sentido, aperfeiçoando, aos olhos da doutrina de Saavedra,[12] os mecanismos de controle ou *compliance* criminal, determinando às pessoas físicas e jurídicas sujeitas àquela norma diversos deveres, dentre eles colaborar com as investigações de lavagem de dinheiro, criar sistemas de controles internos que previnam práticas de corrupção, de lavagem de dinheiro e outras condutas que possam colocar em risco a integridade do sistema financeiro e comunicar aos órgãos reguladores ou fiscalizadores de sua atividade ou, na sua falta, ao Conselho de Controle de Atividades Financeiras (COAF), transações e operações financeiras em moeda nacional ou estrangeira, títulos e valores mobiliários, títulos de crédito, metais, ou qualquer ativo passível de ser convertido em dinheiro.

Entretanto, a mesma doutrina leciona que a responsabilização pela inobservância das obrigações de *compliance*, ao teor dos artigos 12 e 13 da lei de lavagem de dinheiro, seria meramente administrativa, punindo-se com sanções de advertência, multa, inabilitação temporária ou cassação de autorização pelo órgão regulador da respectiva instituição ou, em sua ausência, pelo COAF.[13]

Estellita[14] discorre que o uso de moedas virtuais traz consigo um incremento do risco de lavagem de capitais, havendo alguns fatores que o potencializam: a descentralização, a transnacionalidade livre de obstáculos, a possibilidade de anonimato e de transição do mundo virtual para o mundo real, viabilizada pelas *exchanges*. Tais catalisadores, segundo a autora, estão agrupados em três características com especial relevância para a lavagem de dinheiro: a) descentralização; b) pseudoanonimidade; e c) globalidade.

---

[11] Lei nº 12.683, de 09 de julho de 2022. Disponível em: http://www.planalto.gov.br/ccivil_03/_ato2011-2014/2012/lei/l12683.htm. Acesso em: 30 nov. 2022.

[12] SAAVEDRA, Giovani Agostini. Compliance na Nova Lei de Lavagem de Dinheiro. *Revista Síntese: direito penal e processual penal*, RDP n. 75, p. 22-30, ago./set. 2012.

[13] SAAVEDRA, Giovani Agostini. *Op. Cit.*, p. 29.

[14] ESTELLITA, Heloísa. Criptomoedas e lavagem de dinheiro. Resenha. *Revista de Direito GV*, São Paulo, v. 16, n. 1, p. 1-13, 2020. Disponível em: https://www.scielo.br/j/rdgv/a/5ZM5yQPnV5yV3jQyDZyVCSR/?lang=pt. Acesso em: 30 mar. 2022.

Shaikh[15] define o dinheiro como a "gramática da troca" que, embora controlado e codificado pelo Estado em algum momento do seu desenvolvimento, não requer a presença estatal para a sua invenção:

> *Money is the grammar of exchange. It arises naturally out of the process of exchange when the latter is extended in its reach and regularized in its occurrence. Like grammar, money is codified and controlled by the state at some point in its development. But neither grammar nor money requires the state for its invention.*[16]

Sob esse prisma, surge um novo marco regulatório, consubstanciado no PL nº 4.401/2021, recentemente aprovado, que objetiva introduzir novos institutos e elementos jurídicos que acompanhem a evolução tecnológica e permitam o melhor entendimento dos mecanismos envolvendo as transações financeiras com criptomoedas, possibilitando maior segurança jurídica e efetividade na atuação dos atores da persecução criminal.

Por outro lado, os seus diversos dispositivos genéricos e ainda pendentes de regulamentação posterior trazem dúvidas em relação à efetividade do novo marco regulatório dos criptoativos, visto que a novel legislação deve ser necessariamente acompanhada de instrumentos de direito penal e processual penal, além da concretização de políticas públicas voltadas à proteção do Estado e seus cidadãos da ação de organizações criminosas que atuam na prática de cibercrimes com criptoativos em face do Sistema Financeiro Nacional.

O combate a tais delitos exige uma atuação racional e planejada do Estado, nas esferas administrativa, judicial e legislativa, com medidas extremamente complexas e heterogêneas do ponto de vista jurídico, para a realização de um programa governamental de enfrentamento dos cibercrimes envolvendo criptoativos, cada vez mais presentes na nossa sociedade.

---

[15] SHAIKH, Anwar. *Capitalism*: competition, conflict, crises. New York: editora Oxford University Press, 2016. p. 167.
[16] SHAIKH, Anwar. *Op. Cit.* Na livre tradução: "O dinheiro é a gramática da troca. Ela surge naturalmente do processo de troca quando este é ampliado em seu alcance e regularizado em sua ocorrência. Como a gramática, o dinheiro é codificado e controlado pelo Estado em algum momento de seu desenvolvimento. Mas nem a gramática nem o dinheiro requerem o Estado para sua invenção".

Conforme a doutrina de Kufa, Barreto e Silva,[17] dentre as diversas problemáticas advindas da interação entre globalização e internet, merecem destaque os efeitos causados pela ascensão e proliferação dos crimes cibernéticos, impactando nos mais variados microssistemas jurídicos, tais como o Direito Eleitoral, o Direito Penal, o Direito Internacional, o Direito Econômico e o Direito Processual.

Torna-se, portanto, necessária a criação de terminologias seguras para a tipificação de tais delitos e dos contornos legais que regem essa problemática, bem como o fornecimento, pelo Estado, do aparato institucional necessário para a prevenção e combate desses crimes pelos atores da persecução penal, com notável repercussão econômica, financeira, social, política e reflexos diretos nos direitos fundamentais ligados à cidadania e à democracia.

O que pretende, pois, a presente obra, já atualizada com a Lei nº 14.478, de 21 de dezembro de 2022, é uma reflexão acerca dos instrumentos existentes no país de combate aos crimes cibernéticos envolvendo criptoativos, bem como traçar de forma objetiva os principais desafios regulatórios a serem enfrentados, visto que o Brasil, a exemplo do mundo, enfrenta uma onda crescente de crimes com criptomoedas,[18] demandando, a par das medidas administrativas que já vem sendo tomadas, verdadeira sistematização legislativa, nos campos de direito material e processual, para auxiliar o aparato estatal na esfera da segurança pública e, ao mesmo tempo, consolidar a noção do Estado como protetor dos direitos fundamentais na era da informação, por meio de sua atuação na ordem econômico-social.

---

[17] KUFA, Karina; BARRETO, Alessandro Gonçalves; SILVA, Marcelo Mesquita. *Cibercrimes e seus reflexos no Direito Brasileiro*. 3. ed. rev., atual. e ampl. Salvador: editora Juspodium, 2022. p. 36-44.

[18] De acordo com reportagem do UOL (Universo Online), a lavagem de dinheiro via protocolos DeFi disparou em 2021. Segundo relatório da empresa *Chainalysis*, o aumento das finanças descentralizadas é um fato relevante para o crescimento dos fundos roubados e outros tipos de golpe: "menos de US$162 milhões (R$923 milhões) em criptomoedas foram roubados das plataformas DeFi, o que representou 31% do total roubado no ano. Isso contabiliza um aumento de 335% sobre o total roubado desse formato em 2019. Já em 2021, esse número aumentou mais 1.330%, para US$2,3 bilhões (R$13 bilhões)". Disponível em: https://economia.uol.com.br/noticias/redacao/2022/01/06/crimes-envolvendo-criptomoedas-atingem-recorde-de-r-80-bi-diz-pesquisa.htm. Acesso em: 30 mar. 2022.

CAPÍTULO 1

OS CRIPTOATIVOS NA SOCIEDADE CONTEMPORÂNEA

1.1 A era da informação e do metaverso: o surgimento dos criptoativos e dos cibercrimes e o papel do Direito

A chamada era da informação (ou tecnológica) pode ser entendida como um novo momento da história da humanidade, pautado na alteração das relações sociais, com base no conhecimento aliado à tecnologia, que permitem a aproximação de nações, distantes territorialmente e antes praticamente incomunicáveis, de forma quase instantânea, com o auxílio da internet e da informática.

Werthein, já no início dos anos de 2000, definiu a sociedade da informação como sendo uma expressão utilizada em substituição à anterior terminologia *sociedade pós-industrial* e como forma de transmitir o conteúdo específico do novo paradigma técnico-econômico. Para esse autor, as transformações técnicas, organizacionais e administrativas não possuem mais como prioridade os insumos baratos de energia, como na antiga sociedade industrial, mas os insumos de informação, proporcionados pelos notórios avanços da humanidade nos campos da microeletrônica e das telecomunicações:

> A realidade que os conceitos das ciências sociais procuram expressar refere-se às transformações técnicas, organizacionais e administrativas que têm como "fator-chave" não mais os insumos baratos de energia – como na sociedade industrial – mas os insumos baratos de informação propiciados pelos avanços tecnológicos na microeletrônica

e telecomunicações. Esta sociedade pós-industrial ou "informacional", como prefere Castells, está ligada à expansão e reestruturação do capitalismo desde a década de 80 do século que termina. As novas tecnologias e a ênfase na flexibilidade – ideia central das transformações organizacionais – têm permitido realizar com rapidez e eficiência os processos de desregulamentação, privatização e ruptura do modelo de contrato social entre capital e trabalho característicos do capitalismo industrial. As transformações em direção à sociedade da informação, em estágio avançado nos países industrializados, constituem uma tendência dominante mesmo para economias menos industrializadas e definem um novo paradigma, o da tecnologia da informação, que expressa a essência da presente transformação tecnológica.[19]

O início da era da informação remonta ao início da década de 1970, em decorrência das invenções dos microprocessadores, da fibra ótica e dos primeiros computadores de uso pessoal. Entretanto, o seu maior desenvolvimento ocorre no início da década de 1980, no conhecido período da globalização ou pós-industrial no qual o conhecimento e a informação adquirem valor de mercado.

O sociólogo Iamundo traça um perfil da sociedade da informação, como eminentemente ligada ao capitalismo financeiro, em que a prestação de serviços, pautada no conhecimento científico e tecnológico, assume papel de destaque:

O conhecimento e a informação adquirem na sociedade afluente profundo significado e tornam-se mercadorias muito valorizadas. É oportuno esclarecer que o conhecimento da esfera científica tem maior ou menor valor, conforme a tecnologia que pode ser produzida e vendida. Em outras palavras, quanto maior a possibilidade que um conhecimento científico tem de transformar-se em mercadoria consumível, maior será seu valor. Quanto mais preciosa a informação no sentido de fonte geradora de benefícios, maior o seu valor no mercado.[20]

Nesse ponto, novamente recorrermos aos ensinamentos de Werthein que, citando o sociólogo e professor universitário espanhol Manuel Castells, nos traz didaticamente as características fundamentais da sociedade da informação, como sendo: a) informação como matéria-prima; b) alta penetrabilidade dos efeitos das novas tecnologias;

---

[19] WERTHEIN, Jorge. *A sociedade da informação e seus desafios*. Ci. Inf., Brasília, v. 29, n.2, p.71-77, maio/ago. 2000. Disponível em: https://www.scielo.br/j/ci/a/rmmLFLLbYsjPrkNrbkrK-7VF/?lang=pt&format=pdf, acesso em 23.mai.2022.

[20] IAMUNDO, Eduardo. *Sociologia e Antropologia do Direito*. São Paulo: editora Saraiva, 2012. p. 132.

c) flexibilidade; e d) crescente convergência de tecnologias.

Para referido autor, provavelmente a flexibilidade seja o elemento mais fundamental da sociedade da informação, pois incorpora, na essência do sistema social, a ideia de aprendizagem, no sentido da capacidade de reconfiguração do sistema e da maior disponibilidade para a incorporação de mudanças. Desse modo, a noção de aprendizagem passa a ser empregada em vários níveis, sendo o organizacional a sua aplicação de maior significado na reestruturação capitalista desse novo paradigma.

A seguir, detalhamos as principais características da sociedade da informação apresentadas por Werthein:

> A informação é sua matéria-prima: as tecnologias se desenvolvem para permitir o homem atuar sobre a informação propriamente dita, ao contrário do passado quando o objetivo dominante era utilizar informação para agir sobre as tecnologias, criando implementos novos ou adaptando-os a novos usos.
> Os efeitos das novas tecnologias têm alta penetrabilidade porque a informação é parte integrante de toda atividade humana, individual ou coletiva e, portanto, todas essas atividades tendem a serem afetadas diretamente pela nova tecnologia.
> Predomínio da lógica de redes. Esta lógica, característica de todo tipo de relação complexa, pode ser, graças às novas tecnologias, materialmente implementada em qualquer tipo de processo.
> Flexibilidade: a tecnologia favorece processos reversíveis, permite modificação por reorganização de componentes e tem alta capacidade de reconfiguração.
> Crescente convergência de tecnologias, principalmente a microeletrônica, telecomunicações, optoeletrônica, computadores, mas também e crescentemente, a biologia. O ponto central aqui é que trajetórias de desenvolvimento tecnológico em diversas áreas do saber tornam-se interligadas e transformam-se as categorias segundo as quais pensamos todos os processos.[21]

É certo que, apesar de os inúmeros pontos positivos em decorrência dessa nova conformação social, pautada na informação, nas novas tecnologias, nas redes e na flexibilidade, também tivemos pontos negativos, a exemplo da prática de crimes virtuais em larga escala.

A propósito, em artigo de nossa autoria, discorremos brevemente sobre o histórico e a origem da internet, bem como dos crimes a ela

---

[21] WERTHEIN, Jorge. *Op. Cit.*

relacionados, conhecidos como crimes cibernéticos ou cibercrimes:

> A origem da internet remonta à década de 1960, por meio de um projeto do Governo americano no combate à guerra, no qual as comunicações intragovernamentais passaram a ser internalizadas, para evitar a publicação de dados relevantes à segurança nacional.
>
> Posteriormente, na década de 1970, foi criado o "protocolo internet", ou TCP/IP (*transfer internet protocol / internet protocol*), que permitiu a comunicação entre os seus poucos usuários até então, uma vez que ainda estava restrita aos centros de pesquisa dos Estados Unidos.
>
> Na década de 1980, foi criado propriamente o termo "internet", sendo ampliado o seu uso para a forma comercial e, finalmente, na década de 1990, a internet alcançou o seu auge, atingindo praticamente todos os meios de comunicação.
>
> O histórico dos crimes cibernéticos, por sua vez, remonta à década de 1970, quando, pela primeira vez, foi definido o termo "hacker", como sendo aquele indivíduo que, dotado de conhecimentos técnicos, promove a invasão de sistemas operacionais privados e a difusão de pragas virtuais. Contudo, a universalização do termo "hacker" acompanhou o crescimento e a popularização da internet, ocorridos na década de 1990, sendo hoje muito comum, havendo inclusive subdivisões, como "hacker" (aquele que invade sistemas e computadores, furtando senhas, propagando vírus e cavalos de tróia) e "cracker" (aquele que sabota e piratia programas de computador, fornecendo senhas e chaves de acesso obtidas de forma ilegal), "lammer" (aquele que possui conhecimentos limitados de informática e não possui grande potencial ofensivo), "spammer" [aquele que invade a privacidade de outrem por meio da difusão de mensagens eletrônicas (e-mails) indesejadas], dentre outros termos (...).[22]

Fernandes,[23] ao fazer referência aos ensinamentos dos autores estrangeiros Niklas Luhmann e Ulrich Beck, cita três fases históricas do risco: a primeira corresponde à Idade Moderna, na qual os riscos eram ainda incipientes e facilmente controláveis; a segunda, que se estende do final do século XIX até à primeira metade do séc. XX, surge da vontade de controlar tais riscos mensuráveis, com o fim de reduzir tanto a sua ocorrência como a sua gravidade, e que corresponde ao *Welfare State* (estado de bem-estar social); a terceira fase, por fim, refere-se à

---

[22] SILVEIRA, Artur Barbosa da. Os crimes cibernéticos e a Lei nº 12.737/2012 (Lei Carolina Dieckmann). *Portal Jus*, 25 jan. 2015. Disponível em: https://jus.com.br/artigos/35796/os-crimes-ciberneticos-e-a-lei-n-12-737-2012-lei-carolina-dieckmann. Acesso em: 12 ago. 2022.

[23] FERNANDES, Paulo Silva. *Globalização, sociedade de risco e o futuro do direito penal*: panorâmica de alguns problemas comuns. Coimbra: Almedina, 2001. p. 33.

atualidade, na qual o fracasso do *Welfare State* e a evolução tecnológica ensejaram o aparecimento de novos, graves e incontroláveis riscos, frutos do desmedido desenvolvimento da sociedade industrial tardia.

Sob esse prisma, o espanhol Silva Sánchez,[24] professor catedrático de Direito Penal da Universidade Pompeu Fabra (Barcelona), cita algumas causas da expansão do Direito Penal, relacionadas principalmente à sociedade da informação, na qual surgem novos riscos e bens jurídicos a serem protegidos, estando elas assim sistematizadas:

a) os *novos interesses*, tais como os bens difusos e coletivos, sendo, por exemplo, a tipificação do delito de bloqueio de capitais uma manifestação de expansão razoável do Direito Penal;

b) a efetiva aparição de novos riscos, com base na doutrina de Ulrich Beck, com a sociedade de riscos caracterizada por um marco econômico rapidamente cambiante e a aparição de avanços tecnológicos sem precedentes;

c) a institucionalização da insegurança, decorrente, por exemplo, da comercialização de produtos ou da utilização de substâncias, cujos possíveis efeitos nocivos à ciência não conhece com segurança;

d) a sensação social de insegurança, podendo nossa sociedade atual ser definida como a *sociedade da insegurança sentida* ou *sociedade do medo*; e

e) a identificação da maioria social com a vítima do delito, e não com o seu autor, o que é reforçado em razão de uma sociedade formada por *classes passivas*, tais como pensionistas, consumidores e aposentados, dentre outros.

Em outra passagem de sua obra, o professor Silva Sánchez ainda cita a globalização econômica e a integração supranacional como fatores multiplicadores dessa expansão, causando uma "demolição do edifício conceitual da teoria do delito", assim como de sua constituição pelas garantias formais e materiais do direito penal e do direito processual penal", traçando o prognóstico preocupante de que "o direito penal da globalização econômica e da integração supranacional será um direito desde logo crescentemente unificado, mas também menos garantista, no qual se flexibilizarão as regras de imputação e se relativizarão as garantias político-criminais, substantivas e processuais".[25]

---

[24] SILVA SÁNCHEZ, Jesús María. *La expansión del Derecho Penal*: Aspectos de la política criminal en las sociedades postindustriales. 2. ed. Montevideo/Buenos Aires: Editorial IB de F, Julio César Faira – Editor, 2006. p. 12-20.

[25] SILVA SÁNCHEZ, Jesús María. *Op. cit.*, p. 446-447.

Como consequência dessa expansão, Silva Sánchez faz referência a um intitulado *Direito Penal de Duas Velocidades*, como ponto de partida para a manutenção de garantias qualificadas no caso de cominação com penas privativas de liberdade. Para esse autor, entre o conflito de um direito penal amplo e flexível (convertido em um indesejável *soft law*) e um direito penal mínimo e rígido (seguramente impositivo), deve haver assim uma solução no "ponto médio" da configuração dualista.[26]

Finalmente, para Silva Sánchez, o sistema de punição criminal seria dividido em basicamente duas velocidades, proporcionais à sanção potencialmente aplicada e à categoria do bem jurídico protegido: a velocidade 1 (um) seria destinada a delitos que lesam bens jurídicos individuais, com cominação de pena de prisão e máximas garantias e direitos processuais; já a velocidade 2 (dois), seria destinada a delitos que lesam bens difusos e coletivos, com cominação de penas mais brandas (alternativas ou pecuniárias) e maior flexibilização de garantias e direitos processuais.

No tocante aos crimes cibernéticos, Crespo[27] ensina acerca da existência de duas categorias: a dos crimes digitais próprios (ou puros), que se voltam contra o sistema informático; e a dos crimes digitais impróprios (ou mistos) que se voltam contra os bens jurídicos não-tecnológicos protegidos pela legislação:

> Crimes digitais próprios ou puros (condutas proibidas por lei, sujeitas a pena criminal e que se voltam contra os sistemas informáticos e os dados. São também chamados de delitos de risco informático). São exemplos de crimes digitais próprios o acesso não autorizado (hacking), a disseminação de vírus e o embaraçamento ao funcionamento de sistemas; e Crimes digitais impróprios ou mistos (condutas proibidas por lei, sujeitas a pena criminal e que se voltam contra os bens jurídicos que não sejam tecnológicos já tradicionais e protegidos pela legislação, como a vida, a liberdade, o patrimônio etc). São exemplos de crimes digitais impróprios os contra a honra praticados na Internet, as condutas que envolvam trocas ou armazenamento de imagens com conteúdo de pornografia infantil, o estelionato e até mesmo o homicídio.

Mais recentemente e como consequência da era da informação,

---

[26] SILVA SÁNCHEZ, Jesús María. *Op. cit.*, p. 179.

[27] CRESPO, Marcelo. Crimes Digitais: do que estamos falando? *Canal Ciências Criminais*, 11 ago. 2022. Disponível em: http://canalcienciascriminais.com.br/artigo/crimes-digitais-do-que-estamos-falando/. Acesso em: 23 ago. 2022.

um novo termo, ainda pouco explorado pela comunidade jurídica e que ganhou grande repercussão em meados do ano de 2021, passou a chamar a atenção pela velocidade e mudança repentina do comportamento humano: o *metaverso*.

Inacarato[28] aduz inexistir um conceito definido em consenso sobre o *metaverso*, ou seja, trata-se de uma terminologia em construção. A origem do termo, do grego *meta* ("além") e *verso* ("universo"), ocorreu no ano de 1992, a partir da obra *Snow Crash* (tradução literal: "Queda de Neve"), do autor norte-americano Neal Stephenson, ganhando grande visibilidade após um anúncio feito por Mark Zuckerberg, diretor executivo do então *Facebook*, sobre a alteração do nome da plataforma para *Meta Platforms*, inserindo-a na realidade virtual. A inovação passou a ser seguida por diversas outras empresas multinacionais, como Amazon, Disney e Sony, entre outras.

Ainda de acordo com o mesmo autor, sobreleva a informação de que o *metaverso* não se trata apenas de jogos, diversão e redes sociais, havendo profundos reflexos dessa nova realidade para a sociedade como um todo, inclusive na seara jurídica e na questão dos crimes cibernéticos:

> Vemos que essa virtualização do mundo real sempre traz questões e indagações de ordem tributária, pois não se trata somente de taxar como ganho de capital, pois é preciso de fato analisar em cada circunstância a incidência de PIS, COFINS e IRPJ.
>
> Como já se disse, esse mundo virtualizado do metaverso traz séries questões sobre o tratamento de dados a serem coletados através dessas redes, cabendo aos operadores do direito solucionar os entraves da Lei Geral de Proteção de Dados e leis correspondentes e cada país.
>
> A questão da propriedade intelectual também é de grande relevância ao mundo real, pois tudo que se cria no metaverso é passível de registro e carece proteção, mas também temos que nos ater que é possível também proteger mesmo dentro de um ambiente virtual a nossa privacidade, pois mesmo no metaverso deve existir limites.
>
> Podemos falar ainda da necessidade de cuidar de temas como contratos e smart contracts no mundo virtual, onde reuniões e negócios serão fechados expressamente e verbalmente, cabendo o questionamento se esses negócios terão obrigatoriedade e força executiva no mundo real.
>
> Não podemos esquecer também de questões relacionadas ao direito penal, e crimes cibernéticos, bem como crimes contra honra, fraudes,

---

[28] INACARATO, Flávio Henrique Azevedo. Breve análise do metaverso sob a ótica do direito. *Portal Migalhas*, 05 abr. 2022. Disponível em: https://www.migalhas.com.br/depeso/363211/breve-analise-do-metaverso-sob-a-otica-do-direito. Acesso em: 13 ago. 2022.

perseguição (stalker), etc.

Por fim, podemos citar o direito do consumidor, dentre inúmeras outras situações em que o Direito deverá intervir no mundo digital, pois como fica a situação do consumidor na aquisição de produtos e serviços no metaverso, e qual é a abrangência do Código de Defesa do Consumidor?

Uma das soluções apresentadas por diversos autores é a Resolução de disputas online (ODR – Online Dispute Resolution) que é uma nova tecnologia para a resolução de conflitos, onde não é necessário o deslocamento das pessoas, podendo os interessados se reunirem através de uma plataforma digital, a fim de resolver o litígio.[29]

Para fazer frente a essas transformações trazidas pela nova sociedade da informação, o Direito, que também está em constante mudança enquanto conjunto de regras em reformulação, necessita criar ferramentas para acompanhar a alteração na estrutura social, afinal, onde está a sociedade, está o direito (do latim: *ubi societas, ibi jus*).

Ferraz Júnior[30] dimensiona-nos essas transformações e o papel do Direito nesse novo horizonte, ao lecionar que:

> (...) As sociedades estão em transformação e a complexidade do mundo está exigindo novas formas de manifestações do fenômeno jurídico. É possível que, não tão distantemente no futuro, essa forma compacta do direito instrumentalizado, uniformizado e generalizado sob a forma estatal de organização venha a implodir, recuperando-se, em manifestações espontâneas e localizadas, um direito de muitas faces, peculiar aos grupos e às pessoas que os compõem. (...) Por isso tudo, a consciência da nossa circunstância não deve ser entendida como um momento final, mas como um ponto de partida. Afinal, a ciência não nos libera porque nos torna mais sábios, mas é porque nos tornamos mais sábios que a ciência nos libera. (...) Pensar o direito, refletir sobre suas formas hodiernas de atuação, encontrar-lhe um sentido, para então vivê-lo com prudência, esta marca virtuosa do jurista (...).

A tarefa do Direito em dimensionar e regrar as condutas humanas nesse novo paradigma de sociedade não é uma das mais fáceis, uma vez que o Estado assume uma função globalizada, que ultrapassa territórios e exige mecanismos descentralizados de atuação, sendo primordial o papel do direito internacional nesse desiderato. Nesse sentido, leciona Guerra:[31]

---

[29] INACARATO, Flávio Henrique Azevedo. *Op. cit.*
[30] FERRAZ JUNIOR, Tércio Sampaio. *Introdução ao estudo do direito*: técnica, decisão, dominação. 8. ed. São Paulo: editora Atlas, 2015. p. 7-9.
[31] GUERRA, Sidney. A Internet e os Desafios para o Direito Internacional. *Buscalegis*, 2009.

[...] o direito internacional, antes caracterizado com seu débil poder de coerção, ultimamente institui-se cada vez mais como um princípio normativo superior que permite aos indivíduos reivindicar sua aplicação ou denunciar sua violação pelo Estado, aplicando-se os fundamentos correspondentes à matéria também no campo da internet.

A dificuldade da conformação do Direito a essa nova realidade é normatizar diversas culturas, concepções de mundo e realidades, por meio de diferentes abordagens e sob a premissa de que o mundo tornou-se uma grande rede onde todos estão interligados em conexões locais, dentro de outras, globais, sendo o principal desafio da comunidade jurídica saber o seu papel nesse contexto.

Conforme a doutrina de Machado, Barbosa e Souza,[32] ao estudar o pensamento do físico, teórico e escritor austríaco Fritjof Capra e do sociólogo e professor universitário espanhol Manuel Castells, denota-se um imprescindível dinamismo do Direito na sociedade da informação:

> Diante desta conclusão, é preciso adicionar outra e que se refere ao direito nesse mundo em rede, o qual não se encaixa na perspectiva do modelo clássico ou piramidal da teoria jurídica moderna, cuja lógica decorre necessariamente do Estado. Esse direito no mundo em rede, não pode ser tratado no singular ou na perspectiva da unidade, igualdade e homogeneidade, como sempre insistiu a teoria clássica. Ele deve ser visto e estudado na perspectiva da diferença, principal fator a ser reconhecido como caracterizador da condição humana e do próprio direito, permanentemente desafiado à adaptação e à flexibilização com vistas a responder aos inúmeros, permanentes e diversos encontros e conflitos ocorrentes neste novo momento dos diferentes, frágeis e provisórios agregados sociais. Constrói-se e se reconstrói em permanência a partir de mediações práticas dinâmicas.
>
> (...)
>
> Portanto, direito em rede não se confunde com o quadro no qual há tanto tempo tem sido encerrado pela teoria clássica ou piramidal, a qual, de maneira alguma funciona no conceito de rede, porque concebida como superfície, instituição, como conjunto estabilizado. Ao contrário, direito em rede, remete antes a mediações ativas, a rede de ações.

Disponível em: http://www.buscalegis.ufsc.br/revistas/index.php/buscalegis/article/view/32792/31987. Acesso em: 21 maio 2022.

[32] MACHADO, R. M.; BARBOSA, M. A.; SOUZA, M. R. de. Direito na Sociedade da Informação: Paradoxos da Sociedade em Rede – Coletividade X Individualismo nas Comunidades Reais e Virtuais. *Prim Facie*, [S. l.], v. 18, n. 38, p. 01-29, 2019. DOI: 10.22478/ufpb.1678-2593.2019v18n38.41706. Disponível em: https://periodicos.ufpb.br/index.php/primafacie/article/view/41706. Acesso em: 20 ago. 2022.

Assim, a era da informação e seus consectários constituem uma nova realidade social, que deve amoldar boa parte das relações humanas na atual e nas próximas gerações, com reflexos nos campos social e econômico, sendo de extrema relevância para o objeto de nossa pesquisa o estudo das principais características das criptomoedas como nova opção de realização de operações financeiras, o que traremos no próximo tópico.

1.2 Os criptoativos no universo *blockchain*: conceito, características, principais propriedades e funções

Em uma sociedade da informação, é cada vez mais comum a utilização de expressões ligadas a moedas virtuais e suas diversas terminologias, tais como *criptoativos, criptomoedas, blockchain, peer-to-peer, bitcoins, tokenização, mineração*, dentre outras, tão comuns no mercado financeiro.

Sob esse aspecto, é de extrema importância o tratamento jurídico, mesmo que de forma introdutória e superficial, de tais expressões, que muitas vezes passam despercebidas pela sociedade em razão da sua incorporação ao vocabulário popular, uma vez que possuem conceitos próprios, bem como características, funções e propriedades, conforme passaremos a expor neste tópico.

Em primeiro lugar, é necessário diferenciar criptoativos de criptomoedas, uma vez que, em diversas doutrinas estudadas, tais termos foram tratados equivocadamente de forma sinônima. Nesse sentido, os criptoativos são gênero, do qual as criptomoedas são espécies. Em outras palavras: toda criptomoeda é um criptoativo, mas nem todo criptoativo é uma criptomoeda.

Dentre as diversas espécies de criptoativos existentes, podemos citar: a) os NFTs (*tokens* não fungíveis): são criptoativos colecionáveis, que representam ativos tangíveis e intangíveis, como obras de arte, personagens de videogames, música, vídeos, carros e imóveis, dentre outros; b) as *stablecoins*: são criptomoedas com lastro em algum ativo estável, com o intuito de reduzir sua volatilidade, podendo estar vinculadas a moedas fiduciárias, metais preciosos ou *commodities*; c) finanças descentralizadas (DeFi): criptoativos que replicam serviços financeiros atuais, mas sem intermediários; d) Web3: criptoativo que devolve a posse dos dados aos usuários, tentando assim promover uma internet descentralizada, sem a intermediação das *big techs* (grandes empresas de alta tecnologia); e e) as criptomoedas.

As criptomoedas, criptoativos de maior difusão no mundo, são moedas digitais sem um lastro oficial, ou seja, seu valor não está atrelado ao papel moeda, como o dólar, ou a outro tipo de ativo tangível, como o ouro, não sendo emitidas por uma autoridade monetária.

As criptomoedas também não podem ser confundidas com as moedas eletrônicas: essas últimas, no caso do Brasil, estão previstas na Lei federal nº 12.865, de 09 de outubro de 2013[33] que, dentre diversas outras providências, dispõe sobre os arranjos de pagamento e as instituições de pagamento integrantes do Sistema de Pagamentos Brasileiro (SPB), estabelecendo, no art. 6º, III, VI, o conceito de moeda eletrônica como sendo "recursos armazenados em dispositivo ou sistema eletrônico que permitem ao usuário final efetuar transação de pagamento". Contudo, esse conceito não abrange as criptomoedas, mas somente recursos em moeda nacional (Reais, do Brasil) mantidos em meios eletrônicos, que permitem ao usuário a realização de pagamentos.

A primeira moeda digital descentralizada que se tem notícia no mundo é o *bitcoin,* cuja criação é controversa, sendo comum sua atribuição ao pseudônimo *Satoshi Nakamoto,* um anônimo, cuja identidade nunca foi revelada, e que publicou o chamado *White Paper*

---

[33] BRASIL. *Lei federal nº 12.865, de 9 de outubro de 2013.* Autoriza o pagamento de subvenção econômica aos produtores da safra 2011/2012 de cana-de-açúcar e de etanol que especifica e o financiamento da renovação e implantação de canaviais com equalização da taxa de juros; dispõe sobre os arranjos de pagamento e as instituições de pagamento integrantes do Sistema de Pagamentos Brasileiro (SPB); autoriza a União a emitir, sob a forma de colocação direta, em favor da Conta de Desenvolvimento Energético (CDE), títulos da dívida pública mobiliária federal; estabelece novas condições para as operações de crédito rural oriundas de, ou contratadas com, recursos do Fundo Constitucional de Financiamento do Nordeste (FNE); altera os prazos previstos nas Leis nº 11.941, de 27 de maio de 2009, e nº 12.249, de 11 de junho de 2010; autoriza a União a contratar o Banco do Brasil S.A. ou suas subsidiárias para atuar na gestão de recursos, obras e serviços de engenharia relacionados ao desenvolvimento de projetos, modernização, ampliação, construção ou reforma da rede integrada e especializada para atendimento da mulher em situação de violência; disciplina o documento digital no Sistema Financeiro Nacional; disciplina a transferência, no caso de falecimento, do direito de utilização privada de área pública por equipamentos urbanos do tipo quiosque, trailer, feira e banca de venda de jornais e de revistas; altera a incidência da Contribuição para o PIS/Pasep e da Cofins na cadeia de produção e comercialização da soja e de seus subprodutos; altera as Leis nºs 12.666, de 14 de junho de 2012, 5.991, de 17 de dezembro de 1973, 11.508, de 20 de julho de 2007, 9.503, de 23 de setembro de 1997, 9.069, de 29 de junho de 1995, 10.865, de 30 de abril de 2004, 12.587, de 3 de janeiro de 2012, 10.826, de 22 de dezembro de 2003, 10.925, de 23 de julho de 2004, 12.350, de 20 de dezembro de 2010, 4.870, de 1º de dezembro de 1965 e 11.196, de 21 de novembro de 2005, e o Decreto nº 70.235, de 6 de março de 1972; revoga dispositivos das Leis nºs 10.865, de 30 de abril de 2004, 10.925, de 23 de julho de 2004, 12.546, de 14 de dezembro de 2011, e 4.870, de 1º de dezembro de 1965; e dá outras providências. Casa Civil. Disponível em: http://www.planalto.gov.br/ccivil_03/_ato2011-2014/2013/lei/l12865.htm. Acesso em: 08 out. 2022.

(tradução literal: Papel Branco) no dia 31 de outubro do ano de 2008, intitulado *Bitcoin: A Peer-to-Peer Electronic Crash System* (Em tradução literal, *Bitcoin*: um sistema eletrônico de colisão ponto a ponto).[34]

Referido documento, originalmente escrito em inglês e posteriormente traduzido para diversas outras línguas, inclusive o português do Brasil, definiu o *bitcoin* como versão eletrônica do papel-moeda, em substituição aos meios tradicionais de pagamento, possibilitando a realização de transações *online* diretamente de uma pessoa a outra em qualquer lugar do mundo, sem necessidade de intermediação por uma instituição financeira.

De acordo com o *White Paper* de *Satoshi Nakamoto*, em sua versão traduzida para o português, o *bitcoin* consiste em:

> Uma versão de dinheiro eletrônico puramente ponto-a-ponto (que) permitiria que pagamentos online fossem enviados diretamente de uma pessoa para outra sem a necessidade de passar por uma instituição financeira, como bancos, por exemplo. Assinaturas digitais oferecem uma parte da solução, mas os principais benefícios são perdidos se um intermediário confiável ainda é necessário para prevenir o gasto duplo.[35]

O mesmo documento justifica a necessidade de mudança do paradigma dos pagamentos ocorridos no comércio da internet, uma vez que teria se tornado quase que exclusivamente dependente de instituições financeiras, sofrendo de fraquezas inerentes a modelos baseados na confiança em terceiros ou intermediários.

Em razão dos elevados custos transacionais e da fragilidade da segurança desse sistema tradicional de pagamentos, o *White Paper* sugere a sua substituição por um sistema de pagamentos eletrônicos baseado em provas criptográficas, ao invés da mera confiança, permitindo que duas partes dispostas a negociar diretamente entre si possam fazê-lo sem a necessidade de um terceiro confiável.

O documento de criação do *bitcoin* ainda define o *peer-to-peer* como uma rede ponto a ponto que registra a data e a hora das transações por meio de um sistema de *carimbo de tempo*, transformando-as em uma cadeia contínua de prova de trabalho, baseada em um *hash* (ou identificação da transação, também conhecida como I.D.), formando um registro que não pode ser modificado (imutável).

---

[34] Disponível em: https://bitcoin.org/bitcoin.pdf. Acesso em: 05 jun. 2022.
[35] Disponível em: https://cointimes.com.br/whitepaper-do-bitcoin-traduzido/. Acesso em: 12 ago. 2022.

A partir dessas definições, concluímos que o *bitcoin* é um sistema de pagamentos virtual, utilizado de forma totalmente digital, realizado ponto a ponto em qualquer lugar do mundo, entre duas ou mais pessoas interessadas, sem a intermediação de instituições financeiras e baseado em segurança criptográfica.

Cunha Filho[36] afirma que a confiança no *bitcoin* constitui uma representação popular de formação da moeda, sendo tal processo auxiliado por instituições formais e informais.

Ainda conforme aquele autor, por meio de análise empírica, chegou-se à obtenção de um modelo, segundo o qual a confiança na tecnologia se manifesta de três formas distintas: a) a confiança do tipo "O consumidor"; b) a confiança do tipo "O admirador"; e c) a confiança do tipo "O revolucionário", cada qual surgida de diversas interpretações cotidianas acerca do modo como as instituições auxiliam na suspensão da incerteza referente à utilização diária da criptomoeda.

Ramos define o *bitcoin* – mas, na nossa concepção, tal definição pode ser aplicável a qualquer outra criptomoeda – como sendo:

> (...) uma criptomoeda que utiliza uma tecnologia ponto a ponto (peer-to-peer) para criar um sistema de pagamentos on-line que não depende de intermediários e não se submete a nenhuma autoridade regulatória centralizadora. O código do bitcoin é aberto, seu design é público, não há proprietários ou controladores centrais e qualquer pessoa pode participar do seu sistema de gerenciamento coletivo. Enfim, o bitcoin é uma inovação revolucionária porque é o primeiro sistema de pagamentos totalmente descentralizado.[37]

O próprio Superior Tribunal de Justiça, inclusive, já se manifestou acerca da definição e das características das criptomoedas, por meio do Recurso Especial nº 1.696.214/SP, relatado pelo Ministro Marco Aurélio Bellizze, que as conceituou como um protocolo:

> por meio do qual se efetivam transações comerciais e/ou financeiras (...). Possui, como principais características, a incorporeidade, a desnecessidade de um terceiro intermediário para realização de transações e a ausência de uma autoridade central emissora e controladora.[38]

---

[36] CUNHA FILHO, Marcelo de Castro. *Bitcoin e Confiança*: análise empírica de como as instituições importam. 1. ed. Belo Horizonte: editora D'Plácido, 2021. p. 12-13.

[37] RAMOS, André Luiz Santa Cruz. *Direito Empresarial*. 8. ed. São Paulo: Editora Método, 2018. p. 529.

[38] BRASIL. SUPERIOR TRIBUNAL DE JUSTIÇA. *Recurso Especial nº 1.696.214/SP*. EMENTA: "Recurso especial. Ação de obrigação de fazer. Pretensão exarada por empresa que efetua

Para Gomes, há distinção entre moedas virtuais, digitais e eletrônicas, sendo que as moedas digitais constituem um gênero, que abrange moedas virtuais e eletrônicas:

> Podemos afirmar que moeda digital é um tipo de ativo que proporciona, de diversas formas, a circulação de valor por meio eletrônico (de forma intangível) ou via internet. Este valor pode ou não estar embasado em uma moeda fiduciária de curso forçado e, além disso, pode ou não ser transmitido por meio de um sistema descentralizado e criptografado, fazendo com que surjam as subclassificações moedas virtuais, moedas eletrônicas e criptomoedas.[39]

Traçada a distinção terminológica acima, é certo que, para que esse novel sistema de pagamentos fosse operacionalizado, tornou-se necessária a construção de um ambiente virtual, consistente em uma arquitetura de banco de dados conhecida por *blockchain* (em tradução livre: "cadeia de blocos"). Trata-se, pois, de um imenso banco de dados compartilhado, que registra todas as informações dos usuários, bem como os endereços do emitente e do destinatário das operações, valores, data e horário das transações, dentre outras, sendo comparado pelos especialistas no assunto com um "livro-razão virtual".[40] Gomes assim define o *bockchain*:

> O *blockchain* é rede pública de registro de transações de transferência de valores, em que todos os participantes são iguais e todos auditam as contas de todos os outros automaticamente. A conjunção dos termos "block" e "chain" deriva do fato de que as transações ficam organizadas em blocos, que, por sua vez, são conectados entre si, como os blocos numéricos em um bloco bancário. O *blockchain* faz parte da nova internet, a "internet dos valores".[41]

---

intermediação de compra e venda de moeda virtual (no caso, bitcoin) de obrigar a instituição financeira a manter contrato de conta-corrente. Encerramento de contrato, antecedido por regular notificação. Licitude. Recurso especial improvido. Rel. Min. Marco Aurélio Bellizze, 09 out. 2018, DJe 16 out. 2018. Disponível em: https://scon.stj.jus.br/SCON/jurisprudencia/toc.jsp?livre=201702244334.REG. Acesso em: 12 maio 2022.

[39] GOMES, Daniel de Paiva. Moedas digitais, moedas eletrônicas, moedas virtuais e criptomoedas: sinônimos ou termos com significado próprio? Especialista explica o que são moedas digitais e quais os cuidados para investir nelas. *Portal Terra*, 24 jan. 2020. Disponível em: https://www.terra.com.br/noticias/dino/moedas-digitais-moedaseletronicas-moedasvirtuais-e-criptomoedas-sinonimos-ou-termos-com-significadoproprio,802ab7ee3263ecd7d9ef8d21133cbbf19cjs1sb1.html. Acesso em: 23 maio 2022.

[40] Disponível em: https://www.infomoney.com.br/guias/blockchain/. Acesso em: 11 ago. 2022.

[41] GOMES, Tiago Severo Pereira. Bockchain: juridicidade de suas aplicações pelo direito brasileiro. *In*: COSTA, Isac Silveira da; PRADO, Viviane Muller; GRUPENMACHER,

Borges e Oliveira,[42] ao tratarem da *tokenização* de ativos e seus desafios regulatórios, narram que o *blockchain* surgiu como sistema responsável por dar sustentação ao *bitcoin*, sendo uma rede distribuída que permite a transferência de valores (ou dados) sem a necessidade de um intermediário, cujas transações são, em regra, imutáveis e transparentes. Para os autores, assim:

> O *blockchain* é a rede que permite a pessoas transferirem diretamente, umas às outras, valores (dados), ainda que não se conheçam, ficando as transações registradas no sistema de acordo com a cronologia em que foram realizadas, de forma transparente, podendo ser consultada por quaisquer pessoas.

A palavra *tokenização*, por seu turno, pode ser definida como "processo de emissão de tokens na rede blockchain, os quais podem representar ativos já existentes, como podem ser o próprio ativo em si – como é o caso do bitcoin".[43]

Altcoins, por sua vez, é uma palavra surgida da conjunção das expressões "Alt" ou *alternative* (alternativas) e *Coins* (moedas), sendo utilizada para definir qualquer criptomoeda que não seja o *bitcoin*, ou seja, para designar toda e qualquer multiplicidade de criptomoedas existentes, sendo um exemplo a criptomoeda denominada *Ethereum*, criada em meados do ano de 2013 pelo programador canadense Vitalik Buterin.[44]

Atualmente, há milhares de *altcoins* disponíveis no mercado de criptomoedas, podendo ser citadas, além da *Ethereum*, dentre as dez maiores em volume de negociações, a *BNB*, a *Cardano*, a *XRP*, a *Doge*, a *Solana*, a *Polkadot*, a *Uniswap*, a *ChainLink* e a *Axie Infinity*.[45]

Giovana Treiger (orgs.). *Cryptolaw*: inovação, direito e desenvolvimento. Editora Almedina, São Paulo: 2020. p. 131.

[42] BORGES, Rodrigo Caldas de Carvalho; OLIVEIRA, Alan Gonçalves de. Tokenização de ativos e os desafios regulatórios. *In*: COSTA, Isac Silveira da; PRADO, Viviane Muller; GRUPENMACHER, Giovana Treiger (orgs.). *Cryptolaw*: inovação, direito e desenvolvimento. Organização. São Paulo: Editora Almedina, 2020. p. 231.

[43] BORGES, Rodrigo Caldas de Carvalho; OLIVEIRA, Alan Gonçalves de. *Op. cit.*, p. 235.

[44] *Vitalik Buterin*. *In*: WIKIPEDIA: a enciclopédia livre. Disponível em: https://en.wikipedia.org/wiki/Vitalik_Buterin. Acesso em: 01 ago. 2022.

[45] As 10 Principais Altcoins: Outras Criptomoedas Rumo à lua com o Bitcoin. *Portal Binance*, 10 dez. 2021. Disponível em: https://www.binance.com/pt-BR/blog/all/as-10-principais-altcoins-outras-criptomoedas-rumo-%C3%A0-lua-com-o-bitcoin-421499824684903161. Acesso em: 21 jun. 2022.

Já o *bitcoin mining* ou "mineração de bitcoin" consiste em um procedimento computacional *peer-to-peer* (ponto a ponto) com o objetivo de proteger e verificar a autenticidade das transações financeiras descentralizadas com as criptomoedas efetuadas dentro do ambiente *blockchain*. A "mineração" de criptomoedas é realizada também de forma descentralizada e por seres humanos, conhecidos por "mineradores", que se utilizam de computadores potentes para desempenhar essa atividade, recebendo frações de criptomoedas como remuneração.[46]

Estelitta[47] define mineração de *bitcoin* como uma atividade de rodar um programa especial (software) que soluciona algoritmos complexos sobre as transações pendentes de confirmação. Os mineradores, portanto, são os indivíduos que confirmam as novas transações e as gravam no *blockchain*. Para a autora em referência, "essa atividade, essencial para o funcionamento e a segurança do sistema, é remunerada com a criação de novos bitcoins (coinbase) e de honorários (fees) pagos pelos usuários aos mineradores".[48]

1.3 A natureza jurídica dos criptoativos à luz do entendimento das autoridades do Sistema Financeiro Nacional: o Parecer de Orientação nº 40, de 11 de outubro de 2022, da Comissão de Valores Mobiliários

Acerca da natureza jurídica dos criptoativos, vemos que se trata de um instituto em constante mutação, havendo quem entenda se tratar de um ativo financeiro e outros que lhe atribuem a natureza jurídica de moeda, dadas as suas características de fungibilidade, durabilidade, reserva de valor e meio de troca.[49]

---

[46] Como minerar bitcoin? Entenda o processo de mineração de criptomoedas. *Revista Exame*, 21 jul. 2022. Disponível em: https://exame.com/invest/guia/bitcoin-mining-saiba-como-funciona-a-mineracao-de-bitcoin/. Acesso em: 12 ago. 2022.

[47] ESTELLITA, Heloísa. Bitcoin e lavagem de dinheiro: uma aproximação. *In*: COSTA, Isac Silveira da; PRADO, Viviane Muller; GRUPENMACHER, Giovana Treiger (orgs.). *Cryptolaw*: inovação, direito e desenvolvimento. São Paulo: Editora Almedina, 2020.

[48] ESTELLITA, Heloísa. *Op. Cit.*, p. 342.

[49] KOZLOVWSKY, Vitor. A natureza jurídica do bitcoin no ordenamento brasileiro em 2022. *Portal Migalhas*, 18 mar. 2022. Disponível em: https://www.migalhas.com.br/depeso/361852/a-natureza-juridica-do-bitcoin-no-ordenamento-brasileiro-em-2022. Acesso em: 12 ago. 2022.

Souza Pinto, Ramos e Cyrino,[50] em estudo sobre aspectos controversos e vantagens do *bitcoin*, afirmam que ele não pode ser classificado juridicamente como moeda, nos termos da Lei nº 9.069/1995, ante a inexistência de suas características essenciais.

Ainda para tais autores, desde sua criação, o *bitcoin* tem sido:

> majoritariamente utilizado por aqueles que visam fugir do controle estatal e/ou buscam esconder reservas financeiras, assim como praticar lavagem de dinheiro e negociar no comércio eletrônico a venda de produtos ilícitos (...)", sendo a sua simples regulamentação ou proibição de sua utilização "medidas pouco eficazes".[51]

Uma das primeiras manifestações governamentais acerca da regulação dos criptoativos partiu do Banco Central do Brasil, com a edição do comunicado nº 25.306, de 19.02.2014 (DOU de 20.02.2014), distinguindo entre moedas virtuais e moedas eletrônicas, tratadas pela Lei Lei nº 12.865, de 09 de outubro de 2013, e sua regulamentação infralegal. De acordo com esse comunicado do BACEN, à época, a ausência de regulamentação da utilização das criptomoedas, então classificados como "ativos virtuais", não oferecia riscos ao Sistema Financeiro Nacional, restando às autoridades brasileiras o acompanhamento do assunto:

> Embora o uso das chamadas moedas virtuais ainda não se tenha mostrado capaz de oferecer riscos ao Sistema Financeiro Nacional, particularmente às transações de pagamentos de varejo (art. 6º, §4º, da Lei nº 12.685/2013), o Banco Central do Brasil está acompanhando a evolução da utilização de tais instrumentos e as discussões nos foros internacionais sobre a matéria – em especial sobre sua natureza, propriedade e funcionamento –, para fins de adoção de eventuais medidas no âmbito de sua competência legal, se for o caso.[52]

Em 16.11.2017, o Banco Central do Brasil emitiu um novo comunicado, de número 31.379, dessa vez alertando "sobre os riscos decorrentes de operações de guarda e negociação das denominadas moedas virtuais", então classificados como tendo natureza jurídica de "ativos" financeiros.

---

[50] SOUZA PINTO, Felipe Chiarello; RAMOS, Taís; CYRINO, Adriana Coppo. Aspectos controversos e vantagens do Bitcoin: análise da visão das instituições financeiras brasileiras. *Revista Jurídica Unicuritiba*, Curitiba, v. 04, n. 53, p. 524-550, 2018.

[51] SOUZA PINTO, Felipe Chiarello; RAMOS, Taís; e CYRINO, Adriana Coppo. *Op. cit.*, p. 546.

[52] Disponível em: https://www.legisweb.com.br/legislacao/?id=265825. Acesso em: 22 maio 2022.

Naquela oportunidade, o BACEN reiterou a ausência de riscos ao Sistema Financeiro Nacional e informou que:

> permanece atento à evolução do uso das moedas virtuais, bem como acompanha as discussões nos foros internacionais sobre a matéria para fins de adoção de eventuais medidas, se for o caso, observadas as atribuições dos órgãos e das entidades competentes.[53]

De fato, ante a ausência de regulamentação do assunto pelo Banco Central do Brasil e, principalmente, em razão da ausência de lei federal que regule a fiscalização de sua emissão e circulação pela União, não é possível o enquadramento das criptomoedas como moedas de curso legal perante o nosso ordenamento jurídico.[54]

Em 03 de maio de 2019, a Receita Federal do Brasil editou a Instrução Normativa RFB nº 1888/2019, que "institui e disciplina a obrigatoriedade de prestação de informações relativas às operações realizadas com criptoativos à Secretaria Especial da Receita Federal do Brasil (RFB)", a partir do dia 1º de agosto de 2019.[55]

Referida resolução normativa assim definiu o criptoativo, afastando-lhe da natureza de moeda de curso legal no país:

> Criptoativo: a representação digital de valor denominada em sua própria unidade de conta, cujo preço pode ser expresso em moeda soberana local ou estrangeira, transacionado eletronicamente com a utilização de criptografia e de tecnologias de registros distribuídos, que pode ser utilizado como forma de investimento, instrumento de transferência de valores ou acesso a serviços, e que não constitui moeda de curso legal.

Atualmente, a Receita Federal do Brasil, para fins tributários, classifica as criptomoedas como ativos financeiros passíveis de incidência do Imposto de Renda quando houver ganho de capital em operações superiores a R$35.000,00 (trinta e cinco mil reais) no mês. Nesse sentido, a Solução de Consulta DISTI/SRRF06 nº 6008, de 19 de maio de 2022:

---

[53] Disponível em: https://www.legisweb.com.br/legislacao/?id=352560. Acesso em: 23 maio 2022.

[54] TOMÉ, Matheus Parchen Dreon. *A natureza jurídica do bitcoin*. Porto Alegre: Elegantia Juris, 2019. p. 80.

[55] BRASIL. RECEITA FEDERAL. *Instrução Normativa Rfb nº 1888, de 03 de maio de 2019*. Diário Oficial da União, DF, seção 1, p. 14, 07 maio 2019. Disponível em: http://normas.receita.fazenda.gov.br/sijut2consulta/link.action?visao=anotado&idAto=100592. Acesso em: 30 mar. 2022.

Assunto: Imposto sobre a Renda de Pessoa Física – IRPF
ALIENAÇÃO DE CRIPTOMOEDAS – INCIDÊNCIA. ISENÇÃO – OPERAÇÕES DE PEQUENO VALOR. R$35.000,00.
O ganho de capital apurado na alienação de criptomoedas, quando uma é diretamente utilizada na aquisição de outra, ainda que a criptomoeda de aquisição não seja convertida previamente em real ou outra moeda fiduciária, é tributado pelo Imposto sobre a Renda da Pessoa Física, sujeito a alíquotas progressivas, em conformidade com o disposto no art. 21 da Lei nº 8.981, de 20 de janeiro de 1995.
É isento do imposto sobre a renda o ganho de capital auferido na alienação de criptomoedas cujo valor total das alienações em um mês, de todas as espécies de criptoativos ou moedas virtuais, independentemente de seu nome, seja igual ou inferior a R$35.000,00 (trinta e cinco mil reais).

A despeito do não enquadramento das criptomoedas como moedas de curso legal perante o nosso ordenamento jurídico, o Ministério da Economia do Brasil, por meio de seu Departamento Nacional de Registro Empresarial e Integração, expediu o Ofício Circular SEI nº 4081/2020/ME, em 1º de dezembro de 2020, respondendo a consulta formulada pela Junta Comercial do Estado de São Paulo (Processo nº 19974.101874/2020-56), dirigida a todas as Juntas Comerciais do Brasil, por meio da qual considerou plenamente possível a integralização do capital social com criptoativos, independente do modelo societário e sem a exigência de formalidades especiais a serem observadas pelas Juntas Comerciais, "para fins de operacionalizar o registro dos atos societários que eventualmente envolverem o uso de criptomoedas".[56]

Conforme se extrai da resposta à consulta, o Ministério da Economia tomou por base a caracterização das criptomoedas como bens incorpóreos, que possuem avaliação pecuniária, sendo negociáveis e podendo ser usados de diversas formas, tais como investimentos, compra de produtos e acesso a serviços, dentre outros. Ainda de acordo com a resposta à consulta, não há qualquer vedação legal expressa para a integralização de capital social com criptomoedas, conforme previsto nos artigos 997, III, do Código Civil e 7º da Lei nº 6.404/1976, a seguir transcritos:

> Art. 997. A sociedade constitui-se mediante contrato escrito, particular ou público, que, além de cláusulas estipuladas pelas partes, mencionará:

---

[56] BRASIL. Ministério da Economia. *Ofício Circular SEI nº 4081/2020/ME*. Brasília, 1º de dezembro de 2020. Disponível em: https://www.gov.br/economia/pt-br/assuntos/drei/legislacao/arquivos/OfcioCircular4081criptomoedas.pdf. Acesso em: 20 set. 2022.

III – o capital da sociedade, expresso em moeda corrente, podendo compreender qualquer espécie de bens, suscetíveis de avaliação pecuniária;
(...)
Art. 7º O capital social poderá ser formado com contribuições em dinheiro ou em qualquer espécie de bens suscetíveis de avaliação em dinheiro.

Ademais, como razão de decidir, o Ministério da Economia citou a incidência na espécie do disposto no artigo 3º, inciso V, e no artigo 4º, inciso VII, da Lei nº 13.874/2019, conhecida como *Lei da Liberdade Econômica*, que assim dispõe:

Art. 3º São direitos de toda pessoa, natural ou jurídica, essenciais para o desenvolvimento e o crescimento econômicos do País, observado o disposto no parágrafo único do art. 170 da Constituição Federal:
(...)
V – gozar de presunção de boa-fé nos atos praticados no exercício da atividade econômica, para os quais as dúvidas de interpretação do direito civil, empresarial, econômico e urbanístico serão resolvidas de forma a preservar a autonomia privada, exceto se houver expressa disposição legal em contrário.
Art. 4º É dever da administração pública e das demais entidades que se vinculam a esta Lei, no exercício de regulamentação de norma pública pertencente à legislação sobre a qual esta Lei versa, exceto se em estrito cumprimento a previsão explícita em lei, evitar o abuso do poder regulatório de maneira a, indevidamente:
VII – introduzir limites à livre formação de sociedades empresariais ou de atividades econômicas.

Finalmente, a resposta à consulta afirmou não serem necessárias formalidades especiais que devam ser observadas pelas Juntas Comerciais na integralização do capital social das empresas, devendo ser respeitadas as mesmas regras aplicáveis à integralização de capital com bens móveis, conforme o respectivo tipo societário, limitando-se às Juntas Comerciais ao exame do cumprimento das formalidades legais do ato objeto de arquivamento (art. 40 da Lei nº 8.934/1994).

Apesar da resposta oficial acima, a doutrina[57] define a possibilidade da integralização do capital social de empresas como algo

---

[57] ASSIS, João Pedro Ribeiro; PEIXOTO, Tâmara Oliveira. As criptmoedas na integralização de capital em sociedades empresárias. *Consultor Jurídico*, 09 jan. 2021. Disponível em: https://www.conjur.com.br/2021-jan-09/opiniao-criptomoedas-capital-sociedades-empresarias. Acesso em: 20 set. 2022.

ainda arriscado no nosso país, uma vez que a lacuna legislativa suscita diversas questões ainda sem resposta.

A partir da autorização dada pelo Ministério da Economia, a primeira crítica que surge é acerca da definição da natureza jurídica do criptoativo para fins de direito societário, o que deveria, em tese, ocorrer por lei, e não por instruções, regulamentos e soluções de consulta emanadas de órgãos do sistema financeiro, assunto esse que, ao que parece, restou despercebido na resposta à consulta.

A segunda crítica refere-se às espécies de criptomoedas passíveis de integralizar o capital social das empresas, tendo em vista que o universo descentralizado de moedas virtuais contém centenas – quiçá milhares – de ativos em comercialização na atualidade, dos mais diversos tipos e denominações, questão que também não foi abordada pelo Ministério da Economia.

A terceira crítica refere-se ao fundamento da lei da liberdade econômica, mencionado pelo Ministério da Economia em resposta à consulta: ora, se por um lado há presunção de boa-fé das pessoas físicas e jurídicas no âmbito de atos praticados no exercício da atividade econômica, por outro lado, a insegurança jurídica envolvendo a integralização de capital social por ativos de alto risco e extrema variação no mercado financeiro poderia ensejar risco de quebra da própria empresa, ante a possível desconfiança do mercado, bem como de seus clientes e fornecedores.

A quarta crítica é como se daria a formalização do registro das criptomoedas pelos cartórios de títulos de documentos como ativos componentes do capital social das empresas já que, no universo das criptomoedas, como visto, o seu titular possui um conjunto de chaves públicas e privadas, consistente em números, dentro do sistema de rede criptografado denominado *blockchain,* sendo que a sua cessão por meio de registro dos números em um documento não criptografado firmado no cartório poderia causar insegurança.

Finalmente, a última questão – sem prejuízo de outras que possam surgir em estudos futuros e sem nos descuidarmos do foco do nosso trabalho – refere-se à possível necessidade de recomposição frequente do capital social das empresas, em decorrência da grande variabilidade dos ativos no mercado financeiro, ou se esses ativos seriam considerados como bens intangíveis, o que também poderia ensejar insegurança ao mercado.

Segundo a doutrina de França, Adamek e Alves,[58] há diversas outras críticas pertinentes à possibilidade de integralização do capital social empresarial com criptomoedas, que podem ser assim resumidas: a) as criptomoedas não são consideradas dinheiro, e mesmo a sua classificação como bens enseja dúvidas, uma vez que sua transmissão exigiria que o *token* pudesse ser considerado bem corpóreo, e não é; b) mesmo imaginando que a sociedade criasse uma carteira de criptoativos e que nela fosse integralizado o seu capital social, como os credores fariam para assegurar a transferência e a manutenção desses ativos na conta, já que o *blockchain*, por ser um sistema genuinamente anônimo, não permite a verificação da titularidade da carteira? c) como controlar eventuais acessos dos sócios à carteira da sociedade com suas chaves privadas, que lhes permitiriam a realização de operações anônimas, bem como o acesso de *hackers*? e d) a natureza especulativa de algumas criptomoedas o tornam, em tese, um bem aleatório e, portanto, não suscetível de integralização do capital social.

Portanto, recebemos com ressalvas a autorização do governo brasileiro da utilização das criptomoedas como ativos passíveis de integralização do capital social, sendo necessária a criação de regras mais claras e delimitadas sobre o seu funcionamento, de preferência por meio de processo legislativo, que atenda aos interesses das empresas e do mercado como um todo.

A Comissão de Valores Mobiliários (CVM), mediante comunicados e decisões proferidas no seu âmbito de atuação, vem manifestando o entendimento de que os criptoativos não são, via de regra, considerados valores mobiliários e, portanto, não estariam sujeitos às disposições contidas na Lei nº 6.385/1976 e demais normas expedidas pela própria instituição.

A propósito, o sítio da CVM na internet orienta acerca dos investimentos com criptoativos, classificando-os como *ativos virtuais*, que podem assumir a natureza jurídica de valores mobiliários em algumas hipóteses, por exemplo, quando configuram um contrato de investimento coletivo:

---

[58] FRANÇA, Erasmo Valladão Azevero e Novaes; ADAMEK, Marcelo Vieira von; ALVES, Giulia Ferrigno Poli Ide. *Breves reflexões sobre o uso de criptoativos para integralização do capital social e os ulteriores desdobramentos societários*. In: PINTO, Alexandre Evaristo; EROLES, Pedro; MOSQUERA, Roberto Quiroga (coords.). *Criptoativos*: Estudos Estudos Regulatórios e Tributários. São Paulo: Editora Quartier Latin, 2021. p. 297-323.

Os criptoativos são ativos virtuais, protegidos por criptografia, presentes exclusivamente em registros digitais, cujas operações são executadas e armazenadas em uma rede de computadores. Há situações onde os criptoativos podem ser caracterizados como valores mobiliários, por exemplo, quando configuram um contrato de investimento coletivo. Nessa situação, a oferta deve ser realizada de acordo com a regulação da CVM. Quando se tratar apenas de uma compra ou venda de moeda virtual (ex. Bitcoin), a matéria não é da competência da CVM.[59]

Em 11 de outubro de 2022, a mesma CVM editou o Parecer de Orientação nº 40/22, intitulado *Os CriptoAtivos e o Mercado de Valores Mobiliários*,[60] que consolida o entendimento da autarquia sobre as normas aplicáveis aos criptoativos que forem considerados valores mobiliários. Referido documento apresenta limites de atuação do regulador, indicando possíveis formas de normatizar, fiscalizar, supervisionar e disciplinar agentes de mercado, de acordo com o Presidente da entidade:

> O parecer tem caráter de recomendação e orientação ao mercado, com o objetivo de garantir maior previsibilidade e segurança para todos, além de contribuir em direção à proteção do investidor e da poupança popular, bem como de fomentar ambiente favorável ao desenvolvimento da cripto economia, com integridade e com aderência a princípios constitucionais e legais relevantes.[61]

O parecer em tela é pautado nas seguintes premissas, abaixo sintetizadas:

a) Embora ainda não haja legislação específica sobre o tema, torna-se necessário garantir maior previsibilidade e segurança ao mercado, contribuindo para a proteção dos investidores, para a prevenção e o combate à lavagem de dinheiro, da corrupção, da evasão fiscal, do financiamento ao terrorismo e/ou proliferação de armas de destruição em massa;

---

[59] CVM – Comissão de Valores Mobiliários. *Ofertas/Atuações irregulares*. Disponível em: https://conteudo.cvm.gov.br/menu/investidor/alertas/ofertas_atuacoes_irregulares.html. Acesso em: 18 out. 2022.

[60] CVM – Comissão de Valores Mobiliários. *Parecer de Orientação CVM 40, de 11 out.2022, DOU de 14 out. 2022*. Disponível em: https://conteudo.cvm.gov.br/legislacao/pareceres-orientacao/pare040.html. Acesso em: 18 out. 2022.

[61] BRASIL. MINISTÉRIO DA ECONOMIA. *CVM divulga Parecer de Orientação sobre criptoativos e o mercado de valores mobiliários*. Disponível em: https://www.gov.br/economia/pt-br/orgaos/orgaos-colegiados/conselho-de-recursos-do-sistema-financeiro-nacional/acesso-a-informacao/noticias/2022/cvm-divulga-parecer-de-orientacao-sobre-criptoativos-e-o-mercado-de-valores-mobiliarios. Acesso em: 18 out. 2022.

b) As novas tecnologias, tais como os criptoativos, podem contribuir para a evolução do mercado de valores mobiliários, sendo a autarquia receptiva a essas novas tecnologias;
c) O fato de um serviço ou ativo ser desenvolvido ou ofertado digitalmente, por meio criptográfico ou baseado em tecnologia de registro distribuído, é irrelevante para o seu enquadramento como valor mobiliário ou para a sua regulamentação pela CVM;
d) Embora a chamada *tokenização* não seja passível de aprovação ou registro pela CVM, caso por meio dela sejam emitidos valores mobiliários com fins de distribuição pública, tanto os emissores quanto a oferta pública de tais *tokens* estarão sujeitos à regulamentação aplicável; e
e) A administração de mercado organizado para negociação dos *tokens*, bem como serviços acessórios – intermediação, escrituração, custódia, depósito centralizado, registro, compensação e liquidação de operações – estarão sujeitos às regras aplicáveis a essas atividades.

O parecer da CVM ainda indica o tratamento jurídico dos *tokens* a partir de sua classificação em: a) *tokens* de pagamento: são os que replicam as funções de moeda; b) *tokens* de utilidade: são os que acessam determinados produtos ou serviços; e c) *tokens* relacionados a ativos: são os que representam um ou mais ativos, tangíveis ou intangíveis, a exemplo das *stablecoins* (ou moedas estáveis).

A regulação dos criptoativos com base em critérios funcionais já vinha sendo defendida pela doutrina nacional, conforme as palavras de Duran, Steinberg e Cunha Filho:[62]

> Recomenda-se que legisladores e reguladores adotem uma abordagem funcional no tratamento jurídico de ativos virtuais, em vez de proceder a análises puramente formais baseadas em sua denominação. A abordagem funcional tem a vantagem de permitir um tratamento jurídico que supera dois tipos de fronteiras: a primeira, relacionada aos limites entre setores regulados e não regulados, e, a segunda, relativa a fronteiras de jurisdições nacionais. Essa abordagem permite o diálogo com outros reguladores de mercado, inclusive em jurisdições distintas, notadamente

---

[62] DURAN, Camila Villard; STEINBERG, Daniel Fideles; CUNHA FILHO, Marcelo de Castro. Ativos Virtuais no Brasil: o que são e como regular? Recomendações ao Projeto de Lei 2060/2019. *In*: COSTA, Isac Silveira da; PRADO, Viviane Muller; GRUPENMACHER, Giovana Treiger (orgs.). *Cryptolaw*: inovação, direito e desenvolvimento. São Paulo: Editora Almedina, 2020. p. 76.

para o tratamento de implicações cambiais e relacionadas ao movimento de capitais internacionais, além do combate à lavagem de dinheiro.

De acordo com Costa,[63] um dos primeiros autores a comentar as novidades trazidas pelo Parecer de Orientação nº 40/22 da CVM, é bem aceita a nova classificação funcional que segrega as diversas espécies de *tokens*:

> É bem-vinda a classificação funcional que segrega tokens de utilidade de tokens de pagamento e, especialmente, de tokens referenciados em ativos. Essa última categoria é a que mais interessa a quem deseja emitir tokens como investimento e sua adoção desestimulará narrativas mirabolantes como a de afirmar que a "utilidade" é o retorno do investimento realizado. Nesse contexto, afirma o parecer, são exemplos de asset-backed tokens "os 'security tokens', as stablecoins, os non-fungible tokens (NFTs) e os demais ativos objeto de operações de 'tokenização'".

Na sequência, o parecer da CVM aborda a caracterização dos criptoativos como valores mobiliários, atribuindo ao seu conceito uma natureza instrumental, isto é, nas hipóteses em que determinado criptoativo seja considerado valor mobiliário, seja de forma expressa, conforme previsto no art. 2º, I a VIII, da Lei nº 6.385/1976,[64] seja de forma aberta, de acordo com o inciso IX do mesmo dispositivo legal ou mesmo na Lei nº 14.430/2022,[65] os emissores e demais agentes envolvidos

---

[63] COSTA, Isac. CVM emite parecer de orientação sobre criptoativos: e agora? *Consultor Jurídico*, 17 out. 2022. Disponível em: https://www.conjur.com.br/2022-out-17/isac-costa-cvm-parecer-orientacao-criptoativos. Acesso em: 19 out. 2022.

[64] BRASIL. *Lei nº 6.385, de 07 de dezembro de 1976*. Dispõe sobre o mercado de valores mobiliários e cria a Comissão de Valores Mobiliários". Art. 2º: São valores mobiliários sujeitos ao regime desta Lei: I – as ações, debêntures e bônus de subscrição; II – os cupons, direitos, recibos de subscrição e certificados de desdobramento relativos aos valores mobiliários referidos no inciso II; III – os certificados de depósito de valores mobiliários; IV – as cédulas de debêntures; V – as cotas de fundos de investimento em valores mobiliários ou de clubes de investimento em quaisquer ativos; VI – as notas comerciais; VII – os contratos futuros, de opções e outros derivativos, cujos ativos subjacentes sejam valores mobiliários; VIII – outros contratos derivativos, independentemente dos ativos subjacentes; e X – quando ofertados publicamente, quaisquer outros títulos ou contratos de investimento coletivo, que gerem direito de participação, de parceria ou de remuneração, inclusive resultante de prestação de serviços, cujos rendimentos advêm do esforço do empreendedor ou de terceiros".

[65] BRASIL. *Lei nº 14.430, de 03 de agosto de 2022*. "Art. 20. Os Certificados de Recebíveis são títulos de crédito nominativos, emitidos de forma escritural, de emissão exclusiva de companhia securitizadora, de livre negociação, constituem promessa de pagamento em dinheiro, preservada a possibilidade de dação em pagamento, e são títulos executivos extrajudiciais".

poderão estar sujeitos à regulação da CVM e devem cumprir as normas atinentes ao mercado de valores mobiliários.

A propósito, Cavali[66] leciona que não há, no direito brasileiro, um conceito próprio de valores mobiliários, já que a Lei federal nº 4.728/1965, embora tenha se utilizado por diversas vezes daquela terminologia, não formulou um conceito legal. Por seu turno, a Lei federal nº 6.385/1976, em sua redação original, arrolou os valores mobiliários de forma exaustiva, quais sejam, ações, partes beneficiárias, debêntures e certificados de depósito de valores mobiliários, bem como outros títulos criados ou emitidos pelas sociedades anônimas, a critério do Conselho Monetário Nacional.

Com o advento da Lei federal nº 10.303/2001, foi alterado o rol de valores mobiliários, tendo sido estabelecido no art. 2º, IX, da Lei federal nº 6.385/1976 como valores mobiliários, "quando ofertados publicamente, quaisquer outros títulos ou contratos de investimento coletivo, que gerem direito de participação, de parceria ou de remuneração, inclusive resultante de prestação de serviços, cujos rendimentos advêm do esforço do empreendedor ou de terceiros".

Cavali chama o art. 2º, IX, da Lei 6.385/1976 de *cláusula ampla,* que permite à CVM adequar-se à realidade do mercado, "enquadrando no rol de valores mobiliários títulos inicialmente não cogitados".[67]

Ao dispor sobre o contrato de investimento coletivo, o novel parecer da CVM manteve o seu posicionamento anterior de classificar as criptomoedas como valores mobiliários quando envolvam oferta pública de contrato de investimento coletivo, o que já foi reconhecido anteriormente pela jurisprudência do Superior Tribunal de Justiça, em acórdão da Sexta Turma prolatado nos autos do Conflito de Competência 161.123, referido em parágrafos anteriores.

Na oportunidade, o mesmo parecer também aponta as características adotadas pela CVM para considerar um contrato como de investimento coletivo, tais como: a) investimento (aporte em dinheiro ou bem suscetível de avaliação econômica); b) formalização; c) caráter coletivo do investimento; d) expectativa de benefício econômico (direito a alguma forma de participação, parceria ou remuneração decorrente do sucesso da atividade); e) esforço de empreendedor ou de terceiro; e f) oferta pública (esforço de captação de recursos junto à economia popular).

---

[66] CAVALI, Marcelo Costenaro. *Manipulação do Mercado de Capitais*: fundamentos e limites da repressão penal e administrativa. 1. ed. São Paulo: Editora Quartier Latin, 2018. p. 314-315.

[67] CAVALI, Marcelo Costenaro. *Op. cit.*, p. 317.

Em especial no tocante à oferta pública, o parecer da CVM atualiza as diretrizes dadas em seus anteriores pareceres de orientação, uma vez que reconhece o contexto atual de popularização do uso das redes sociais para oferta de valores mobiliários e a regulamentação das plataformas eletrônicas de investimento participativo (*crowfunding*) pela Resolução CVM nº 88/22.

Assim, segundo a autarquia, mesmo havendo a existência de mecanismos de prevenção de acesso a páginas contendo ofertas de valores mobiliários – por exemplo, restrição apenas a usuários identificados por *login* e senha –, bem como a ausência de divulgação específica sobre o tema, esses fatores, de forma isolada, não afastam o caráter público da oferta, devendo ser levados em conta outros requisitos, tais como o número de investidores alcançados e o número de subscritores. Afirma a autarquia, ainda, ser possivelmente irregular a oferta de valores mobiliários emitidos no exterior sem registro na CVM.

Ao dispor sobre o regime informacional e a valorização da transparência, o parecer da CVM faz um aceno ao mercado, asseverando que a regulação do mercado de capitais adota o princípio da ampla e adequada divulgação como "pedra fundamental do regime informacional", não cabendo à entidade interferir no mérito das oportunidades de investimento, mas proteger os titulares de valores mobiliários e investidores do mercado, assegurando o seu acesso a informações corretas, claras e completas sobre os valores mobiliários negociados.

Nesse sentido, o parecer reforça que a regulamentação da CVM será aplicável e deverá ser observada quando da realização de ofertas públicas de criptoativos que sejam considerados valores mobiliários, com aplicação das Resoluções CVM nº 80/22, nº 86/22, nº 88/22, nº 135/22, e da Lei nº 6.385/1976.

Ao estabelecer, de forma exemplificativa, as informações que deverão ser prestadas quando da realização de ofertas públicas de criptoativos, a CVM recomenda a prestação de diversas informações sobre os direitos dos titulares dos *tokens* e sobre negociação, infraestrutura e propriedade dos *tokens,* tais como: a) identificação do emissor; b) descrição das atividades do emissor e dos direitos conferidos aos titulares; c) todas as informações que embasem expectativas de benefícios econômicos; d) mecanismos de consenso e descrição adequada ao público em geral sobre o processo de emissão de *tokens;* e) materiais de apoio e identificação de canais de suporte do investidor; f) eventuais taxas e encargos a serem suportados pelo investidor; g) identificação clara das vantagens e desvantagens de utilização da tecnologia de registro distribuído; h) descrição da gestão da propriedade dos *tokens;* i) regras de governança do protocolo; e j) controles de origem dos recursos utilizados para aquisição de *tokens* e compromisso de comunicação de operações suspeitas de lavagem de dinheiro, financiamento do terrorismo e/ou financiamento da proliferação de armas de destruição em massa.

Tal previsão de transparência na prestação de informações, em especial do controle de origem dos recursos utilizados para a aquisição de *tokens*, trata-se de uma medida importantíssima para a seara do direito criminal, ao possibilitar às autoridades públicas responsáveis pela persecução penal maiores ferramentas investigatórias em face dos crimes de lavagem de dinheiro, financiamento do terrorismo e proliferação de armas de destruição em massa, dentre outros. E também para o direito tributário, porquanto possibilita ao Fisco maiores informações técnicas para apurar a origem dos recursos utilizados na transação, para fins de enquadramento da operação como tributável.

Na parte final do parecer, a CVM apresenta determinações dirigidas aos intermediários e aos fundos de investimento em criptoativos, que devem observar as normas regulatórias expedidas pela autarquia no que concerne à negociação dos valores mobiliários, incluindo a transparência nas informações prestadas ao mercado e a existência de controles internos de parceiros comerciais. Ao final, a CVM aponta para uma possível regulamentação futura de um *sandbox regulatório* envolvendo a *tokenização*, como uma iniciativa de acolhimento de novas tecnologias e modelos de negócio inovadores.

Apesar de as orientações contidas no referido parecer da CVM representarem uma evolução no tratamento dos criptoativos pelas autoridades financeiras do nosso país e um passo importante para a sua futura regulamentação pelo Poder Legislativo inclusive no aspecto penal/tributário, ele não está imune de críticas, de acordo com Costa:[68]

> Apesar das orientações contidas no parecer e da evolução da compreensão do tema pelo regulador brasileiro, quem empreende na criptoeconomia ainda não conta com um nível mínimo de segurança jurídica, especialmente pela falta de critérios para excluir certos grupos de *tokens* mais comuns do conceito de valor mobiliário.

Assim, considerando a interpretação das autoridades financeiras do país e a partir da leitura dos dispositivos do Código Civil relativos à classificação dos bens, filiamo-nos ao entendimento de que as *bitcoins*

---

[68] COSTA, Isac. *Op. cit.*

e demais criptomoedas (*altcoins*), devem ser classificados como ativos financeiros, com natureza jurídica de bens móveis,[69] fungíveis,[70] imateriais e divisíveis,[71] cuja transmissão decorre de registros em uma rede de dados (*blockchain*) que contém a identificação dos titulares dos criptoativos (em geral mediante pseudônimos), os endereços de envio e recebimento, além do histórico das transações realizadas.

1.4 Direito comparado: breve síntese da regulação dos criptoativos no mundo e sua influência no direito brasileiro

Cavali, ao realizar um estudo aprofundado sobre o instituto da regulação, afirma não haver um conceito preciso ou unívoco para referido termo. Contudo, em qualquer análise daquele fenômeno, salienta-se, com maior ou menor destaque, a característica da utilização de instrumentos legais para a implementação de determinados objetivos políticos, econômicos ou sociais. Nesse sentido, a regulação pode ser definida como uma imposição de "limites jurídicos, mais ou menos rígidos, à atuação dos agentes privados em determinado setor econômico ou social".[72]

Ainda conforme as lições de Cavali, o mero estabelecimento de limites normativos à regulação se mostra insuficiente, exigindo-se para tal desiderato uma constante fiscalização sobre o efetivo cumprimento das normas regulatórias e, se necessário, a aplicação de medidas coercitivas destinadas a forçar os destinatários a obedecê-las. De acordo com o autor:

> A regulação compreende, por conseguinte, a atividade normativa, caracterizada pela elaboração de normas legais ou regulamentares, a atividade fiscalizatória, que abrange o eventual registro das entidades atuantes no setor regulado e a supervisão e fiscalização das suas atividades para verificação do cumprimento das referidas normas, e a

---

[69] Nos termos do artigo 82, *caput*, do Código Civil Brasileiro: "São móveis os bens suscetíveis de movimento próprio, ou de remoção por força alheia, sem alteração da substância ou da destinação econômico-social".

[70] Código Civil Brasileiro: "Art. 85. São fungíveis os móveis que podem substituir-se por outros da mesma espécie, qualidade e quantidade".

[71] Código Civil Brasileiro: "Art. 87. Bens divisíveis são os que se podem fracionar sem alteração na sua substância, diminuição considerável de valor, ou prejuízo do uso a que se destinam".

[72] CAVALI, Marcelo Costenaro. *Op. cit.*, 112-124.

atividade sancionadora, que se refere à aplicação, quando cabível, de penalidades administrativas. Vale repisar que a atividade sancionadora – desde que, evidentemente, prevista na lei – é inerente à regulação, a fim de garantir a sua efetividade.[73]

Mediante estudo do direito comparado, aferimos que a regulação das criptomoedas no mundo encontra situações divergentes: por um lado, alguns países passaram a adotá-las como moeda corrente, e até mesmo oficial; sob outro prisma, algumas nações ainda são resistentes na utilização dos criptoativos, sob a alegações que vão desde a ausência de controle governamental, passando pelo alto impacto ambiental da mineração e pelo caráter excessivamente especulativo das criptomoedas, dentre outras.

Em geral, a tendência é de um quadro positivo para os criptoativos, que tiveram um crescimento na sua utilização principalmente em razão da pandemia iniciada no ano de 2020, demandando maiores esforços mundiais para implementar medidas legais, políticas e administrativas para o setor.

Os Estados Unidos da América, maior economia atualmente no mundo, com um PIB (Produto Interno Bruto) nominal superior a 18 (dezoito) trilhões de dólares até o final de 2021,[74] deu um passo inicial na regulamentação das criptomoedas, ao permitir o lançamento no mercado financeiro do primeiro fundo de índices ligado ao *bitcoin*, o *Exchange Trade Fund (ETF)*, em 19 de outubro de 2021, impactando diretamente no valor daquele criptoativo, que atingiu sua máxima histórica em torno de U$64.000,00 (sessenta e quatro mil dólares) à época.[75]

Posteriormente, em 09 de março de 2022, o Presidente dos Estados Unidos da América assinou uma ordem executiva[76] sobre as criptmoedas – equivale a um decreto presidencial no Brasil –, que servirá como orientação para as agências federais sobre a regulação do setor

---

[73] CAVALI, Marcelo Costenaro. *Op. cit.* p. 113.

[74] As 15 maiores economias do mundo. *Portal GOV*, 11 nov. 2021. Disponível em: https://www.gov.br/funag/pt-br/ipri/publicacoes/estatisticas/as-15-maiores-economias-do-mundo. Acesso em: 15 maio 2022.

[75] MALAR, João Pedro Malar. Entenda como funciona o primeiro ETF de bitcoin nos Estados Unidos. *CNN BRASIL*, 20 out. 2021. Disponível em: https://www.cnnbrasil.com.br/business/entenda-como-funciona-o-primeiro-etf-de-bitcoin-nos-estados-unidos/. Acesso em: 20 maio 2022.

[76] LONGO, Laelya. Biden publica diretrizes sobre criptoativos. E o Brasil com isso? *Valor Investe*, 15 mar. 2022. Disponível em: https://valorinveste.globo.com/mercados/cripto/noticia/2022/03/15/biden-publica-diretrizes-sobre-criptoativos-e-o-brasil-com-isso.ghtml. Acesso em: 04 jul. 2022.

naquele país. Esse documento, o primeiro a focar exclusivamente nos criptoativos, possui seis objetivos principais:
   a) Proteger os interesses dos Estados Unidos da América enquanto nação;
   b) Proteger a estabilidade financeira global, uma vez que o dólar é a moeda mais importante no planeta (moeda-padrão);
   c) Prevenir a utilização das criptomoedas para fins ilícitos;
   d) Promover a chamada "inovação responsável";
   e) Possibilitar inclusão financeira de todos os cidadãos americanos; e
   f) Manter a liderança dos Estados Unidos da América em tecnologia.

Referida ordem executiva ainda prevê que as agências norte-americanas avaliem a possibilidade da criação de uma moeda digital emitida pelo *Federal Reserve* (ou Banco Central dos Estados Unidos), denominada "CBDC", uma espécie de *dólar digital*, caso seja do interesse nacional, preservando assim o *status* do dólar como moeda de reserva mundial.

Até a data de fechamento da presente edição desta obra, a informação mais recente é que o Tesouro dos Estados Unidos está em vias de encaminhar um relatório à Casa Branca, com um projeto de estrutura regulatória sobre criptomoedas para as agências governamentais, tendo promovido uma consulta pública oficial, já havendo forte pressão no Congresso daquele país para aprovar brevemente uma legislação sobre criptoativos.[77]

A República Popular da China, segunda maior economia do mundo até o final de 2021, com Produto Interno Bruto superior a 11 (onze) trilhões de dólares,[78] sempre apresentou grande resistência à implementação de uma estrutura regulatória sobre criptomoedas, havendo, ao longo dos anos, diversas manifestações restritivas do governo daquele país, inclusive do Banco Popular da China – equivalente ao Banco Central do Brasil –, proibindo a mineração e todas as atividades com criptoativos.

De acordo com a última manifestação oficial do governo chinês, datada de 24 de setembro de 2021, as criptomoedas não devem circular

---

[77] SCHROEDER, Pete. Tesouro dos EUA quer informação de riscos e benefícios de criptomoedas. *Agência Brasil*, 13 jul. 2022. Disponível em: https://agenciabrasil.ebc.com.br/internacional/noticia/2022-07/tesouro-dos-eua-quer-informacao-de-riscos-e-beneficios-de-criptomoedas. Acesso em: 20 ago. 2022.
[78] Portal Gov, *op. cit.*

nos mercados como as moedas tradicionais e as bolsas de valores estrangeiras estão proibidas de fornecer serviços a investidores do continente via internet. De igual modo, empresas de pagamento e firmas de internet estão impedidas de facilitar o comércio de criptomoedas naquele país.[79]

Entretanto, desafiando a decisão do governo chinês, a península de Xangai, cidade mais populosa da China, declarou, mediante decisão de seu Tribunal Popular, em maio de 2022, que o *bitcoin* se qualifica como um ativo virtual protegido pela lei chinesa, o que, na prática, autoriza a mineração e o comércio de *bitcoin* dentro daquela cidade.[80]

A União Europeia, terceira maior economia do mundo, composta por 27 (vinte e sete) países-membros do bloco, nos dias 29 e 30 de junho de 2022, fechou dois acordos prévios acerca de uma futura legislação regulatória dos criptoativos naquele continente: o primeiro, intitulado *TFR – Transfer of Funds Regulation* (tradução literal para o português do Brasil: "Regulamento de Transferência de Fundos"), estabelece novas regras de transferência de fundos no continente europeu, as chamadas "regras de viagem"; e o segundo consiste na *MiKA – Markets in Crypto Assets Regulation* (tradução literal: "Regulação de Mercados em Criptoativos").

Tais acordos já vêm sendo estruturados na Europa pelos seus representantes desde o ano de 2020, dentro do âmbito do Pacote Financeiro Digital – ou DFP (*Digital Finance Package*) – lançado pela Comissão Europeia naquele ano.

Conforme leciona Revoredo,[81] desde 2015, a Europa vem reunindo esforços concretos para a estruturação do mercado de criptoativos e naquele mesmo ano constituiu a Força Tarefa de Ações Financeiras (FTAF), conhecida no Brasil como Grupo de Ação Financeira Internacional (GAFI), uma organização intergovernamental global que reúne como membros a maioria dos principais Estados-Nação e a própria União Europeia, tendo por principal função desenvolver

---

[79] China proíbe mineração e declara ilegais transações com criptomoedas no país. *CNN BRASIL*, 24 set. 2021. Disponível em: https://www.cnnbrasil.com.br/business/china-amplia-restricoes-e-proibe-mineracao-de-criptomoedas-em-todo-o-pais/. Acesso em: 12 jul. 2022.

[80] GAMA, Carolina. Xangai desafia proibição da China e reconhece legitimidade do bitcoin (BTC); entenda o caso. *Revista Seu Dinheiro*, 12 maio 2022. Disponível em: https://www.seudinheiro.com/2022/criptomoedas/bitcoin-btc-xangai-china-ccgg/. Acesso em: 12 ago. 2022.

[81] REVOREDO, Tatiana. Legislação da União Europeia sobre criptoativos (MiCA e TOFR). Consultor Jurídico. Disponível: https://www.conjur.com.br/2022-ago-08/tatiana-revoredo-legislacao-ue-criptoativos. Acesso em: 10 dez. 2022.

recomendações e diretrizes aos Estados-membros para a formação de políticas de combate à lavagem de dinheiro e vigilância financeira. Embora tais recomendações não sejam obrigatórias, o país-membro que se recusar a cumpri-las poderá sofrer consequências financeiras e diplomáticas.

O GAFI europeu, assim, lançou suas primeiras diretrizes sobre criptoativos em 2015, sendo tais políticas reavaliadas em 2019 e 2021, quando ocorreu a publicação de um novo documento, chamado de *Updated Guidance for a risk-based approach to virtual assets and VASPs* (tradução literal para o português: Orientação atualizada para uma abordagem baseada em risco para ativos virtuais e VASPs), que contém as atuais diretrizes sobre a regulação dos criptoativos, no sentido de que os prestadores de serviços envolvendo criptoativos fiscalizem, avaliem e reportem às autoridades monetárias a correta identificação de seus clientes.

Dentre os países que observam as recomendações do GAFI europeu estão o Brasil, que desde 2019, por meio da já citada Instrução Normativa nº 1888, de 03 de maio de 2019, da Receita Federal, determina a obrigatoriedade de prestação de informações relativas às operações realizadas com criptoativos à Secretaria Especial da Receita Federal do Brasil (RFB).[82]

O *Mika*, que vem sendo discutido pela Comissão Europeia desde 2020, tem como principais objetivos ampliar a competitividade e a inovação do setor financeiro daquele continente, firmando a Europa como um paradigma no fornecimento de padrões mundiais de proteção ao consumidor no tocante às finanças e nas novas formas de pagamentos digitais e virtuais.

Nesse contexto, os novos acordos firmados na Europa em 2022 estabelecem requisitos para que os emissores de criptomoedas publiquem uma manifestação técnica chamada *White Paper* – mesmo nome do documento do *bitcoin* publicado por Satoshi Nakamoto, em 2008 –, possibilitando o seu registro junto às autoridades dos países da União Europeia.

Entretanto, ao menos nesse primeiro momento, os emissores deverão manter reservas monetárias adequadas, a exemplo do dólar, para fazerem lastro às criptomoedas emitidas, que recebem o nome de *stablecoins*, ou moedas estáveis, em tradução literal, assim denominadas

---

[82] BRASIL. RECEITA FEDERAL DO BRASIL. *Instrução Normativa nº 1888, de 03 de maio de 2019*. Op. cit.

por exigirem o seu pareamento com algum ativo estável ou cesta de ativos, de modo a controlar a sua volatilidade.[83]

Ao detalhar os acordos firmados, Revoredo[84] narra que, em 29 de junho de 2022, o Parlamento Europeu e o Conselho da União Europeia firmaram o acordo sobre novas regras específicas de transferência de fundos naquele continente (TRF), também conhecidas como "regras de viagem", nos termos da Recomendação nº 16 do GAFI, a serem observadas entre provedores, a exemplo de *exchanges* e carteiras de investimentos, abrangendo os seguintes tópicos:

1) Todas as transferências de criptoativos terão de estar ligadas a uma identidade real, independentemente do valor (rastreabilidade com limiar zero).
2) Os provedores de serviços envolvendo criptoativos – que a legislação européia chama de Casps – terão que coletar informações sobre o emitente e o beneficiário das transferências que eles executam.
3) Todas as empresas que prestam serviços relacionados a criptos em qualquer países integrante da União Européia se tornarão entidades obrigatórias nos termos da Diretiva de #AML existente.
4) Carteiras não hospedadas (isto é, wallets não custodiadas por terceiros) serão atingidas pelas regras, porque os #Casps serão obrigados a coletar e armazenar informações s/ transferências de seus clientes.
5) Medidas de compliance aprimoradas também serão aplicadas quando os Casps da UE interagirem com entidades de países não integrantes da UE.
6) Proteção de dados: os dados das regras de viagem estarão sujeitos a requisitos sólidos da lei de proteção de dados européia – GDPR.
7) O Conselho Europeu de Proteção de Dados (EDPB) será encarregado de definir as especificações técnicas de como as exigências da GDPR devem ser aplicadas à transmissão de dados de regras de viagem para transferências criptográficas.

---

[83] CHIPOLINA, Scott; JONES, Huw; WILSON, Tom. UE chega a acordo histórico para regular 'terra sem lei' das criptomoedas; entenda. *Jornal Folha de São Paulo*, 01º jul. 2022. https://www1.folha.uol.com.br/mercado/2022/07/ue-chega-a-acordo-historico-para-regular-terra-sem-lei-das-criptomoedas-entenda.shtml. Acesso em: 20 ago. 2022.

[84] REVOREDO, Tatiana. *Op. cit.*

8) Os Casps intermediários que realizam uma transferência em nome de outro Casp serão incluídos no escopo e serão obrigados a coletar e transmitir as informações sobre o originador inicial e o beneficiário ao longo da cadeia.

O TFR deverá ser aprovado, em paralelo, pelo Parlamento Europeu e pelo Conselho Europeu, antes de sua publicação oficial, tendo início no prazo de 18 (dezoito) meses após sua entrada em vigor, sem a necessidade de aguardar a eventual reforma das diretrizes sobre o combate à lavagem de dinheiro e ao terrorismo, atualmente em andamento na Europa.

Por seu turno, o acordo provisório firmado em 30 de junho de 2022 (*MiKa*), trata-se do primeiro marco de regulatório da indústria de criptoativos em escala global, já que sua aprovação impõe regras a serem seguidas por todos os 27 (vinte e sete) países membros da União Europeia, contendo as seguintes diretrizes, bem resumidas pela doutrina de Revoredo:

1) Tanto a European Securities and Market Authority (Esma), equivalente à CVM brasileira, quanto a European Bank Autority (EBA) terão poderes de intervenção para proibir ou restringir a prestação de serviços criptoativos pelos Casps, bem como a comercialização, distribuição ou venda de criptoativos, em caso de ameaça à proteção do investidor, integridade do mercado ou estabilidade financeira.

2) Esma também terá um papel de coordenação significativo para assegurar uma abordagem consistente à supervisão dos maiores Casps com uma base de clientes acima de 15 milhões.

3) Esma será encarregada de desenvolver uma metodologia e indicadores de sustentabilidade para medir o impacto dos criptoativos no clima e no meio ambiente, bem como classificar os mecanismos de consenso usados para emitir criptoativos, analisando seu uso de energia e estruturas de incentivo.

Aqui, importante destacar que, recentemente, a Comissão de Assuntos Econômicos e Monetários do Parlamento Europeu decidiu excluir do MiCA (por 32 votos a 24) proposta de disposição legal que tentava proibir, nos 27 países membros da EU, o uso de criptomoedas alimentadas pelo algoritmo da "prova de trabalho".

4) O registro de entidades, com sede em terceiros países, operando na UE sem autorização será estabelecido pela Esma, com base nas informações submetidas pelas autoridades

competentes, supervisores de terceiros países ou identificados pela Esma. As autoridades competentes terão poderes de longo alcance contra entidades listadas.
5) os provedores de serviços em criptoativos (Casps) estarão sujeitos a robustas salvaguardas de Combate à Lavagem de dinheiro (AML).
6) Os Casps da UE terão que ser estabelecidos e ter gestão substantiva na UE, incluindo um diretor residente e escritório registrado no Estado-Membro onde solicitam autorização. Haverá verificações robustas na administração, as pessoas com participações qualificadas no Casp ou pessoas com vínculos estreitos. A autorização deve ser recusada se as salvaguardas da AML não forem cumpridas.
7) Corretoras de criptoativos (exchanges) terão responsabilidade por danos ou perdas causadas a seus clientes devido a hacks ou falhas operacionais que eles deveriam ter evitado. Quanto às criptomoedas, tais como bitcoin, a corretora terá que fornecer um white paper e ser responsável por qualquer informação enganosa fornecida.[85]

Em termos locais, alguns países europeus, como Alemanha, Suíça e Espanha, já reconheceram o *bitcoin* como moeda de pagamento, possibilitando a comercialização desses ativos financeiros, bem como operações de câmbios de criptos, inclusive por instituições financeiras locais. Outras nações fora da União Europeia, como Canadá, Estônia, Bermudas e Coréia do Sul, também regulamentam, em maior ou menor extensão, as criptomoedas.[86]

O Japão, quarta maior economia do mundo, com Produto Interno Bruto superior a quatro trilhões de dólares ao final do ano de 2021,[87] parece adotar entendimento favorável em relação às negociações envolvendo criptoativos. Em junho de 2022, a Câmara Alta do Parlamento Japonês (ou Câmara dos Conselheiros) aprovou uma lei que eleva as *stablecoins* a um *status* legal, equivalente às moedas digitais. Entretanto, o mesmo diploma legal, que entrará em vigor a partir de 2023, exige

---

[85] REVOREDO, Tatiana. *Op. cit.*
[86] NICOCELI, Artur; MALAR, João Pedro. Regulação de criptomoedas avançou em diversos países em 2021; confira. *CNN BRASIL*, 28 dez. 2022. Disponível em: https://www.cnnbrasil.com.br/business/regulacao-de-criptomoedas-avancou-em-diversos-paises-em-2021-confira/. Acesso em: 20 ago. 2022.
[87] Portal Gov. *op. cit.*

o atrelamento dos criptoativos emitidos ao iene ou outra moeda fiduciária, com o objetivo de proteger os investidores.[88]

Na Argentina, que atravessa uma forte crise econômica e inflacionária desde o ano de 2017, o mercado de criptomoedas ainda não está regulamentado formalmente pelo governo, mas a compra e venda desses ativos financeiros não é proibida. A propósito, a maior instituição financeira argentina em valor de mercado, o Banco Galicia, passou a oferecer neste ano a seus clientes a possibilidade de negociar criptomoedas em suas agências,[89] denotando claramente uma possível inclinação daquele país em futuramente regular o comércio envolvendo criptoativos mediante lei formal.

El Salvador, um pequeno país localizado na América Central, atualmente é o que possui a regulação mais benéfica às criptomoedas, uma vez que, no dia 07 de setembro de 2021, o seu governo, presidido por Nayib Bukele, tornou-se o primeiro do mundo a reconhecer o *bitcoin* como uma moeda de curso legal, com equivalência ao dólar norte-americano, possibilitando a sua utilização em qualquer transação por qualquer pessoa, física ou jurídica.[90]

No continente africano, a República Centro-Africana, país localizado no centro da África, apresentou indícios de que também irá adotar o *bitcoin* como moeda oficial, em atitude similar a El Salvador.

Nesse sentido, a lei das criptomoedas apresentada pelo Ministro da Economia Digital, Correios e Telecomunicações, Justin Gourna Zacko, em abril de 2022, foi aprovada de forma unânime pelos reguladores do parlamento e pretende estabelecer um ambiente favorável para o crescimento inclusivo na região, permitindo que os empresários e agentes financeiros realizem pagamentos com criptoativos, bem como possibilitando o pagamento de impostos com moedas digitais por meio de entidades autorizadas.[91]

---

[88] VALOR ECONÔMICO (GLOBO). Disponível em: https://valor.globo.com/financas/noticia/2022/06/03/japao-aprova-lei-para-regular-stablecoins-e-proteger-investidor.ghtml. Acesso em: 22 ago. 2022.

[89] MARQUES, Gabriel. Maior banco da Argentina começa a oferecer negociação de criptomoedas. *Revista Exame*, 03 maio 2022. Disponível em: https://exame.com/future-of-money/maior-banco-da-argentina-comeca-a-oferecer-negociacao-de-criptomoedas/. Acesso em: 20 ago. 2022.

[90] 1º país a adotar bitcoin como moeda oficial pede paciência após forte queda. *UNIVERSO ONLINE (UOL)*, 20 jun. 2022. Disponível em https://economia.uol.com.br/noticias/redacao/2022/06/20/primeiro-pais-a-aceitar-bitcoin-como-moeda-oficial-pede-paciencia-com-queda.htm. Acesso em: 22 ago. 2022.

[91] República Centro-Africana é 1º país no continente a legalizar bitcoin. *Revista Exame*, 25 abr. 2022. Disponível em: https://exame.com/future-of-money/republica-centro-africana-e-1o-pais-no-continente-a-legalizar-bitcoin/. Acesso em: 20 ago. 2022.

Analisada brevemente a situação atual da regulamentação das criptomoedas ao redor do mundo, denota-se um atraso do nosso país em relação às tratativas regulatórias desse mercado, havendo pressão interna dos agentes de mercado para que o Brasil passe a adotar uma postura mais proativa e de liderança continental nesse sentido.

Atualmente, conforme dados apurados até o final do ano de 2021, o Brasil ocupa a nona colocação dentre as maiores economias do mundo, com um Produto Interno Bruto que se aproxima dos dois trilhões de dólares.[92] No tocante ao volume de transações com criptomoedas realizadas por brasileiros, estatísticas apontam para o seu crescimento exponencial ano a ano, chegando, no ano de 2022, a seiscentos bilhões de reais, o que equivale, em termos numéricos, a 50% (cinquenta por cento) do total de operações da Bolsa de Valores de São Paulo (B3 – IBOVESPA).[93]

Todos esses números, somados à tendência irreversível de utilização das criptomoedas como meio de pagamento equivalente às moedas locais, funcionam como fatores que influenciam diretamente os próximos passos a serem tomados pelas autoridades monetárias e pelo Congresso Nacional do nosso país, conforme será apurado detalhadamente no capítulo atinente à criação de um novo marco regulatório dos criptoativos.

---

[92] Portal GOV. *op. cit.*

[93] Volume de negociação de criptomoedas no Brasil já equivale a 50% do total das operações da B3. *Revista Exame*, 01º jun. 2022. Disponível em: https://exame.com/future-of-money/volume-de-negociacao-de-criptomoedas-no-brasil-ja-equivale-a-50-do-total-das-operacoes-da-b3/. Acesso em: 20 ago. 2022.

CAPÍTULO 2

A NOVA ESTRUTURAÇÃO DAS RELAÇÕES DE PODER ESTATAL EM UM MUNDO SEM FRONTEIRAS

2.1 Noções de poder do Estado de acordo com a doutrina clássica e a evolução dos direitos fundamentais

Neste capítulo, abordaremos a evolução do Estado e principalmente de sua estruturação de poder em relação à sociedade, uma vez que eventual regulamentação dos cibercrimes financeiros com criptoativos, que será tratada no capítulo final da presente obra, por envolver direitos fundamentais ligados à cidadania, demandam atenção dos estudiosos em analisar os possíveis limites a serem traçados pela lei no tocante à atuação estatal nesse sentido.

Conforme discorremos em artigo anterior,[94] no início da história da civilização moderna, o indivíduo isoladamente considerado era tido como um objeto de poder, que se limitava organicamente à observância das leis impostas pelo Estado, sob a justificativa, então aceita sem questionamentos, de que o todo prevalecia em relação às partes.

A doutrina naturalista promoveu a evolução daquela concepção horizontal de poder estatal em relação ao indivíduo, adotando uma concepção individualista, que vê o Estado como resultado dos próprios indivíduos, unidos mediante um contrato social, possuindo cada um

---

[94] SILVEIRA, Artur Barbosa da. As cinco dimensões dos direitos fundamentais e a problemática envolvendo a dificuldade de implementação da democracia participativa nos moldes propostos por Paulo Bonavides. *Revista de Direito Constitucional e Internacional*. Revista dos Tribunais, v. 117, p. 83-102, jan./fev. 2020.

valor dentro de si. Sob essa ótica da individualidade, os direitos passaram a vir antes dos deveres, e o indivíduo antes do Estado, semeando um campo fértil para o futuro nascimento e florescimento dos direitos fundamentais.

A história da limitação do poder do Estado e a consequente observância dos direitos fundamentais, tais como hoje concebidos, resultam de construção histórico-cultural, que permeou a evolução dos seres humanos na busca pela conquista de novos direitos, aliando ideias relacionadas à filosofia, à religião cristã e ao Direito natural.

A propósito, citamos os ensinamentos de Moraes,[95] para quem:

> Os direitos humanos fundamentais, em sua concepção atualmente conhecida, surgiram como produto da fusão de várias fontes, desde tradições arraigadas nas diversas civilizações, até a conjugação dos pensamentos filosóficos-jurídicos, das ideias surgidas com o cristianismo e com o direito natural. (...) Assim, a noção de direitos fundamentais é mais antiga que o surgimento da ideia de constitucionalismo, que tão somente consagrou a necessidade de insculpir um rol mínimo de direitos humanos em um documento escrito, derivado diretamente da soberana vontade popular.

Silva,[96] em trecho de sua clássica obra, é enfático ao afirmar que a limitação do poder do Estado e o reconhecimento dos direitos fundamentais é "coisa recente" em termos de história da humanidade e um conceito ainda em construção:

> O reconhecimento dos direitos fundamentais do homem, em enunciados explícitos das declarações de direitos, é coisa recente, e está longe de se esgotarem suas possibilidades, já que cada passo na etapa da evolução da Humanidade importa na conquista de novos direitos. Mais do que conquista, o reconhecimento desses direitos caracteriza-se como reconquista de algo que, em termos primitivos, se perdeu, quando a sociedade se dividira entre proprietários e não proprietários.

Bobbio[97] nos cita três possíveis formas de evolução do individualismo humano: a) o individualismo metodológico, que estabelece

---

[95] MORAES, Alexandre de. *Direitos humanos fundamentais*. 9. ed. São Paulo: Atlas, 2011. p. 2-3.
[96] SILVA, José Afonso da. *Curso de Direito Constitucional Positivo*. 9. ed. São Paulo: Malheiros, 1992. p. 137.
[97] BOBBIO, Norberto. *Teoria Geral da Política*. A filosofia política e as Lições dos Clássicos. 32. ed. São Paulo: Editora Elsevier, 2000. p. 480-483.

o estudo da sociedade com amparo nas relações individuais; b) o individualismo ontológico, que defende a autonomia e a dignidade do indivíduo em relação a todos; e c) o individualismo ético, que considera cada indivíduo como sendo um ente ou uma pessoa moral. Sob esse viés evolutivo, o individualismo, portanto, em sua última fase, passa a ser visto como base filosófica para o ideal da democracia.

A evolução dos direitos humanos como espécie inicialmente individualista percorreu diversos caminhos, desde a sua positivação nas primeiras constituições liberais, percorrendo a *fé jusnaturalista*, prevista do preâmbulo da Carta das Nações Unidas de 1945, seu progresso notório, alçando direitos de liberdade, civis, políticos e sociais, bem como sua universalização na Declaração Universal dos Direitos do Homem de 1948, que passou a reconhecer o indivíduo como sujeito de direito internacional, detentor de ação contra o próprio Estado.

Conforme doutrina de Bonavides,[98] as diversas revoluções humanas ocorridas no tempo foram influenciadas por ideais que visaram tornar efetiva uma determinada forma de Estado: o primeiro, o Estado liberal ou individualista, que pregava a liberdade acima de qualquer outro direito; na sequência, o Estado socialista ou estado social, que buscava a igualdade; em terceiro, o Estado Social das Constituições Programáticas, fundamentado na universalidade do homem e na defesa da natureza, com previsões abstratas de direitos; e em quarto e último, o Estado Social dos Direitos Fundamentais, que buscava a efetivação dos direitos fundamentais abstratamente previstos.

Moraes[99] e Castilho,[100] ao discorrerem sobre o assunto, fazem referência ao Código de Hamurabi de 1690 a. C. como o primeiro diploma escrito pela humanidade a prever um rol de direitos fundamentais comuns a todos. Todavia, a famosa Lei de Talião, ao estabelecer penas demasiadamente rigorosas para os infratores, acabou por olvidar-se da proteção dos direitos fundamentais, que foram relegados a segundo plano, sendo privilegiado o caráter punitivo estatal.

Outros diplomas normativos que vigoraram durante a Idade Média, tais como a Lei das XII Tábuas romana (451 a 450 a. C.) e os escritos de Aristóteles durante a democracia grega, de igual forma, não podem ser considerados documentos que privilegiaram o aspecto da proteção humanitária.

---

[98] BONAVIDES, Paulo. *Direitos Fundamentais e Justiça n. 3*. A quinta geração dos Direitos Fundamentais. Abr./jun. 2008. p. 147-150.
[99] MORAES, Alexandre de. *Op. cit.*, p. 4.
[100] CASTILHO, Ricardo. *Direitos Humanos*. 2. ed. São Paulo: Saraiva, 2013. p. 23.

Os principais diplomas normativos precursores dos direitos fundamentais no mundo foram criados no decorrer da Idade Média e Moderna, como a Magna Carta, de 1215, a *Petition of Rights*, de 1629 e a *Bill of Rights*, de 1689.

Entretanto, embora tais diplomas tenham contribuído para a evolução da concepção de limitação de poderes do Estado e do reconhecimento dos direitos fundamentais, estabelecendo, dentre outras garantias, o direito de petição, não vincularam o Estado como um todo, criando exceções de privilégios e prerrogativas a determinadas classes, respectivamente a nobreza (Magna Carta) e o Parlamento (*Petition* e *Bill of Rights*).

Conforme Sarlet, a Magna Carta, ressalvada a sua importância histórica, não representou, na prática, uma limitação ao poder estatal, aplicando-se a uma reduzida e privilegiada parcela da população:

> A Magna Carta, como outros documentos que a seguiram não constitui uma verdadeira declaração de direitos no sentido moderno (...) representa uma real e efetiva limitação do poder estatal, porém também uma pequena parcela da população, possuindo, nesse sentido, caráter particularista e reduzido.[101]

A Inglaterra é considerada o principal nascedouro dos direitos fundamentais, mas somente com a vigência do *Human Rights Act*, a partir de 2000, e sob forte influência da doutrina de Dworkin (*A Bill of Rights for Britain*, 1990), seus cidadãos viram positivados um documento vinculante, inclusive ao Parlamento, garantido a limitação do poder estatal e a proteção de direitos fundamentais de forma mais ampla.

Para o resto do mundo civilizado, os grandes marcos históricos da proteção dos direitos fundamentais são as Declarações de Virgínia e de Independência de 1776, ocorridas nos Estados Unidos, e a Declaração dos Direitos do Homem e do Cidadão de 1789, que teve a França como palco, sendo que somente essa última representou o efetivo rompimento com a ordem jurídica anteriormente estabelecida, uma vez que, segundo Ferreira Filho,[102] implicou a ascensão da burguesia em face dos abusos cometidos pelo *Ancien Régime*, na era do Absolutismo monárquico.

---

[101] SARLET, Ingo Wolfgang. *A eficácia dos direitos fundamentais*. 10. ed. Porto Alegre: Livraria do Advogado, 2010. p. 41.
[102] FERREIRA FILHO, Manoel Gonçalves. *Curso de direito constitucional*. 27. ed. São Paulo: Saraiva, 2001. p. 248.

Para Bobbio,[103] a Declaração dos Direitos do Homem e do Cidadão de 1789 implicou a inversão da história da moral, uma vez que, pela primeira vez, os deveres – que sempre permearam os códigos morais e jurídicos anteriores – passaram a ser acompanhados de direitos, sob o fundamento de que, por serem termos correlatos, como pai (deveres) e filho (direitos), não podem sobreviver separados. A partir daquela Declaração, o objeto principal do estudo da moral e do direito passa a ser a lei, seja qual for o seu conteúdo (natural ou positivo) ou origem (reis, sábios ou representantes políticos).

Com a Declaração Francesa de 1789, os direitos e os deveres passaram a ser encarados como duas faces da mesma moeda. Anteriormente, conforme referido, foram criados apenas deveres para proteção do grupo social e afirmação dos detentores do comando político, em detrimento do indivíduo. Após, sob o prisma individual e à luz da concepção cristã da vida, surgiram os direitos, com influências da doutrina moderna dos Direitos do Homem dos Séculos XVII e XVIII, de Locke, autor da célebre frase "O homem é o lobo do Homem" a Kant e sua concepção de homem como ser livre na sua origem, ideias que culminaram na Revolução Francesa e na Declaração de 1789.

Novamente nos escoramos nas lições de Silva, que agora nos afirmam que o texto da declaração francesa de 1789 proclamou diversos direitos individuais, de forma clara e precisa:

> O texto da Declaração de 1789 é de estilo lapidar, elegante, sintético, preciso e escorreito, que, em seus dezessete artigos, proclama os princípios da liberdade, igualdade, propriedade e legalidade e as garantias individuais liberais que ainda se encontram nas declarações contemporâneas, salvas as liberdades de reunião e de associação que ela desconhecera, firmando uma rigorosa concepção individualista.[104]

Da análise do documento em questão, aferimos que o ideal de liberdade burguês implicou a universalização da uma ideologia de substituição do homem-súdito pelo homem-cidadão, ensejando a separação de poderes, as declarações de direitos civis e políticos e o surgimento do Estado Liberal.

Embora esse ideal libertário tenha encontrado seu auge e maturidade nas ideias de Kant no fim do século XVIII, na prática e nos anos que lhes sucederam, vigorou a chamada *ditadura da burguesia*, que não

---

[103] BOBBIO, Norberto. *Op. cit.*, p. 475-479.
[104] SILVA, José Afonso da. *Op. cit.*, p. 146.

funcionou por muito tempo, tendo em vista a opressão e a limitação dos direitos fundamentais decorrentes da evolução da tecnologia e das novas relações de trabalho surgidas principalmente em decorrência da Revolução Industrial ocorrida na Inglaterra.

Aliás, com o advento histórico da Revolução Industrial e a precarização das condições de trabalho, surgem os movimentos sociais de trabalhadores e por consectário os pleitos socialistas, que defendiam, a par dos direitos de liberdade negativa, as prestações positivo-materiais a serem oferecidas pelo Estado, na forma de políticas públicas, programas sociais e ações afirmativas. Assim, forma-se o palco perfeito para o surgimento dos direitos sociais ou de igualdade.

Prosseguindo no tempo, na primeira metade de Século XX, surgem os primeiros Estados socialistas, fundamentados nas ideias de Marx e Lênin que culminaram na Revolução Russa de 1917, precursora da ditadura do proletariado, originando diversos diplomas normativos, sendo os mais relevantes historicamente a Constituição Mexicana de 1917, a Constituição Soviética de 1918, a Constituição de Weimar (Alemanha) de 1919 e a Carta do Trabalho da Itália fascista de 1927.

As duas grandes guerras mundiais trouxeram à humanidade os horrores do holocausto e a concepção de que a ausência do reconhecimento de novos direitos pelo Estado, tais como à paz, ao desenvolvimento e ao meio-ambiente, dentre outros, poderia nos levar à completa destruição, possibilitando, por consequência, o nascimento dos direitos de terceira geração, também chamados de direitos de fraternidade.

Piovesan[105] assim discorre sobre a relação entre a guerra, as relações de poder do estado e a internacionalização dos direitos humanos:

> A internacionalização dos direitos humanos constitui, assim um movimento extremamente recente na história, que surgiu a partir do pós-guerra, como resposta às atrocidades e aos horrores cometidos durante o nazismo. Apresentando o Estado como o grande violador de direitos humanos, a Era Hitler foi marcada pela lógica da destruição e da descartabilidade da pessoa humana, o que resultou no extermínio de onze milhões de pessoas. O legado do nazismo foi condicionar a titularidade de direitos, ou seja, a condição de sujeito de direitos, à pertinência a determinada raça – raça pura ariana.

---

[105] PIOVESAN, Flávia. *Direitos humanos e direito constitucional internacional*. 11. ed. São Paulo: Saraiva, 2010. p. 122.

Desse modo, a segunda Guerra Mundial constituiu um marco histórico na questão da limitação do poder estatal e na proteção dos direitos fundamentais, dando origem ao Estado de Direito, inicialmente voltado aos próprios interesses, evoluindo posteriormente para um Estado Social e Democrático de Direito, voltado à fraternidade e à defesa dos direitos fundamentais, permeado pelo liberalismo econômico, mas com intervenções pontuais em favor do princípio da igualdade.

Podemos ainda citar como marcos universais de proteção dos direitos fundamentais a criação da ONU, em 24 de outubro de 1945, com a entrada em vigor da Carta das Nações Unidas, e a Declaração Universal dos Direitos Humanos, documento que enumerou os direitos e liberdades fundamentais, criada em de 10.12.1948 pela Assembleia Geral das Nações Unidas.

Bonavides[106] ainda faz referência aos direitos fundamentais de quarta geração, decorrentes da globalização e relacionados à evolução da tecnologia da informação, tendo por fundamentos o pluralismo e a democracia.

Conforme Novelino,[107] os direitos de quarta geração correspondem à última fase da institucionalização do poder estatal e ao futuro da cidadania:

> Tais direitos foram introduzidos no âmbito jurídico pela globalização política, compreendem o direito à democracia, informação e pluralismo. Os direitos fundamentais de quarta dimensão compendiam o futuro da cidadania e correspondem à derradeira fase da institucionalização do Estado social sendo imprescindíveis para a realização e legitimidade da globalização política.

Nesse sentido, os direitos fundamentais, tendo como titular absoluto o gênero humano enquanto espécie e estando ligados diretamente à cidadania, têm sua origem natural e constitui o direito de natureza política mais importante atualmente, uma vez que obriga todos os Estados a respeitá-los e positivá-los nos seus ordenamentos jurídicos internos, sob pena de sanções e, em casos extremos, até sua exclusão da comunidade internacional.

---

[106] BONAVIDES, Paulo. *Op. cit.*, p. 160.
[107] NOVELINO, Marcelo. *Direito Constitucional*. 2. ed. São Paulo: Método, 2008. p. 229.

2.2 A sociedade da vigilância: o incremento do poder estatal na era da informação

No tópico anterior, verificamos que poder do Estado na ordenação dos rumos da sociedade foi modificado no decorrer dos séculos, passando de um papel passivo de mero protetor dos direitos e liberdades individuais (não fazer) para uma posição ativa de garantidor dos direitos políticos, sociais, e de quarta geração, que correspondem aos direitos de democracia, informação e pluralismo, palco do surgimento dos criptoativos.

Na atual conjuntura social, baseada na revolução dos meios de comunicação, na globalização e no metaverso, discute-se a necessidade (ou não) de incremento do poder estatal para assegurar a todos uma vida digna e assegurar o exercício dos direitos inerentes à cidadania, uma vez que tal incremento poderá, por consequência, provocar violações a outros direitos fundamentais, como à privacidade, à intimidade e aos dados pessoais.

Para o filósofo francês Foucault, o poder não está presente isoladamente nos indivíduos ou no Estado, mas decorre de uma prática social reiterada e constituída historicamente, sendo exercido mediante relações de forças que circulam em cadeia, atuando no sentido de coagir, disciplinar e controlar os indivíduos:

> É preciso não tomar o poder como um fenômeno de dominação maciço e homogêneo de um indivíduo sobre os outros, de um grupo sobre os outros, de uma classe sobre as outras; mas ter bem presente que o poder não é algo que se possa dividir entre aqueles que o possuem e o detêm exclusivamente e aqueles que não o possuem. O poder deve ser analisado como algo que circula, ou melhor, como algo que só funciona em cadeia. Nunca está localizado aqui ou ali, nunca está nas mãos de alguns, nunca é apropriado como uma riqueza ou um bem. O poder funciona e se exerce em rede. Nas suas malhas os indivíduos não só circulam mas estão sempre em posição de exercer este poder e de sofrer sua ação; nunca são o alvo inerte ou consentido do poder, são sempre centros de transmissão. Em outros termos, o poder não se aplica aos indivíduos, passa por eles.[108]

Ainda para o mesmo autor, existem determinados fatores que justificam o exercício do poder estatal, quais sejam, a vigilância e a punição:

---

[108] FOUCAULT, Michel. *Microfísica do poder*. Organização e tradução de Roberto Machado. 23. ed. São Paulo: editora Graal, 2004. p. 193.

Era assim que funcionava o poder monárquico. A justiça só prendia uma proporção irrisória de criminosos; ela se utilizava do fato para dizer: é preciso que a punição seja espetacular para que os outros tenham medo.
(...)
O olhar vai exigir muito pouca despesa. Sem necessidade de armas, violência física, coações materiais. Apenas um olhar. Um olhar que vigia e que cada um, sentindo-o pesar sobre si, acabará por interiorizar, a ponto de observar a si mesmo; sendo assim, cada um exercerá essa vigilância sobre e contra si mesmo. Formula maravilhosa: um poder contínuo e de custo afinal de contas irrisório.[109]

O autor italiano Rodotà, ao analisar as relações de poder do Estado, leciona que as novas tecnologias de coleta e de tratamento das informações provocaram naturalmente o aumento da vigilância estatal e a consequente multiplicação de violações à privacidade, ao mesmo tempo em que alteraram o paradigma tradicionalmente atribuído a esse conceito:

> As novas dimensões da coleta e do tratamento de informações provocaram a multiplicação de apelos à privacidade e, ao mesmo tempo, aumentaram a consciência da impossibilidade de confinar as novas questões que surgem dentro do quadro institucional tradicionalmente identificado por este conceito. Hoje, porém, o problema não é adaptar uma noção nascida em outros tempos e em outras terras a uma situação profundamente modificada, respeitando suas razões e sua lógica de origem.[110]

Por seu turno, o filósofo inglês Blackbourne define poder como *"capacidade de se mobilizar forças econômicas, sociais ou políticas para obter certo resultado"*.[111]

Bobbio, ao discorrer sobre as três formas do poder contidas na política aristotélica – do pai sobre os filhos, do senhor sobre os escravos e do governante sobre os governados –, questiona a justificação do poder político: "admitido que o poder político é o poder que dispõe do uso exclusivo da força num determinado grupo social, basta a força para fazê-lo aceito por aqueles sobre os quais se exerce, para induzir seus destinatários a obedecê-lo?"[112]

---

[109] *Op. cit.*, p. 217-218.
[110] RODOTÀ, Stefano. *A vida na sociedade da vigilância*: A privacidade hoje. São Paulo: editora Renovar, 2008. p. 23.
[111] BLACKBURN, Simon. *Dicionário Oxford de filosofia*. Rio de Janeiro: Editora Jorge Zahar, 1997. p. 301.
[112] BOBBIO, Norberto. *Estado, Governo, Sociedade*: para uma teoria geral da política. 14. ed. São Paulo: Editora Paz e Terra, 2007. p. 86.

O mesmo autor, em outra passagem de sua célebre obra, leciona que a legitimidade do poder estatal é o efeito não da referência de valores, mas da aplicação de determinados procedimentos instituídos para produzir decisões vinculatórias, tais como as eleições políticas, o procedimento legislativo e o procedimento judiciário, em que os próprios sujeitos participam do procedimento, embora dentro dos limites das regras estabelecidas.[113]

Gidens,[114] ao discorrer sobre as consequências da modernidade, apresenta-nos as terminologias comumente utilizadas para definir a nova realidade que se coloca, grande parte em razão da evolução dos meios tecnológicos, sugerindo o foco do estudo nas transformações institucionais, que ocasionaram debates sobre o deslocamento do sistema baseado no fabrico de bens materiais para um mais centrado na informação:

> Muitos defendem que, hoje em dia, nos finais do século XX, nos encontramos no início de uma nova era, que as ciências sociais devem questionar a qual nos estará a levar para além da própria modernidade. Tem sugerida uma variedade estonteante de termos para designar esta transição alguns dos quais se referem positivamente à emergência de um novo tipo de sistema social (tais como "sociedade da informação", ou "sociedade de consumo"), mas cuja maioria sugere, antes, que um estado de coisas precedentes se aproxima do fim ("pós-modernidade", "pós-modernismo", "sociedade pós-industrial", "póscapitalismo", etc.). Alguns dos debates sobre estes temas concentram-se principalmente nas transformações institucionais, em particular aqueles que sugerem que estamos a deslocar-nos de um sistema baseado no fabrico de bens materiais para um mais centrado na informação.

A doutrina mexicana de Peres Luño,[115] ao debater acerca da liberdade informática e dos limites da intervenção estatal na esfera privada, discorre sobre a evolução dos direitos fundamentais até a chegada da sociedade da informação, afirmando que o grande desafio

---

[113] BOBBIO, Norberto. *Op. cit.*, p. 93.
[114] GIDDENS, Anthony. *As consequências da modernidade*. Traduzido para o português do Brasil por Fernando Luís Machado e Maria Manuela Rocha. 4. ed. São Paulo: editora Oeiras, 2005. p.1.
[115] PÉREZ LUÑO, Antonio Enrique. *Ensayos de Informática Jurídica*. México, DF: Distribuciones Fontamara, 1996. p. 34-38. Citação original (em espanhol): *"En las sociedades interconectadas de nuestro tiempo el flujo internacional de datos resulta, por tanto, imprescindible para asegurar el desarrollo económico del sector privado y para posibilitar que los poderes públicos alcancen sus metas y cumplan sus obligaciones con eficacia. Estas exigencias suelen plantearse en tensión abierta con la tutela de las libertades y, en particular, con la garantía de la intimidad"*.

na sociedade moderna interconectada pauta-se na compatibilização entre a manutenção do fluxo global de dados – considerada ferramenta essencial para o desenvolvimento humano – e o respeito às liberdades civis, mormente a garantia à intimidade:

> Nas sociedades interconectadas de nosso tempo o fluxo internacional de dados resulta, portanto, imprescindível para assegurar o desenvolvimento econômico do setor privado e para possibilitar que os poderes públicos alcancem suas metas e cumpram suas obrigações com eficácia. Essas exigências estão em tensão com a tutela das liberdades (em especial, com a garantia da intimidade) – livre tradução para o português.

Feigelson e Araújo,[116] ao estudarem a complexidade de proteção de dados pessoais no ambiente *blockchain*, citam o Regulamento Geral sobre a Proteção de Dados da Europa (GDPR) como "um marco no contexto da proteção de danos", aplicável a todos os indivíduos na União Europeia e Espaço Econômico Europeu. Para os autores em comento, o objetivo do GDPR é essencialmente duplo, garantindo livre circulação de dados e proteção de direitos fundamentais:

> O objetivo do GDPR é essencialmente duplo. Por um lado, procura facilitar a livre circulação de dados pessoais entre os vários Estados-membros da União Européia (U.E.). Por outro, estabelece um quadro de proteção dos direitos fundamentais, baseado no direito à proteção de dados positivado no art. 8º da Carta dos Direitos Fundamentais da EU. A estrutura legal cria obrigações que dependem dos controladores de dados, as entidades que determinam os meios e os propósitos do processamento de dados. Também aloca direitos aos titulares dos dados – as pessoas físicas a quem os dados pessoais se relacionam – que poderão ser aplicados através desses controladores de dados.

Ainda segundo os autores em estudo, no Brasil, a LGPD – Lei Geral de Proteção de Dados (Lei federal nº 13.709, de 14 de agosto de 2018), também traçou os princípios e regras que devem reger o tratamento de dados pessoais, devendo o controlador respeitar os princípios da finalidade e da adequação, tentando, sempre que possível, realizar a anonimização dos dados. Em relação ao setor público, a mesma lei determina que a administração deve realizar o tratamento dos dados

---

[116] FEIGELSON, Bruno; ARAÚJO, Bernardo. Capte-me, Rapte-me, Adapte-me: a complexidade da proteção de dados pessoais em blockchains. *In*: COSTA, Isac Silveira da; PRADO, Viviane Muller; GRUPENMACHER, Giovana Treiger (orgs.). *Cryptolaw*: inovação, direito e desenvolvimento. São Paulo: Editora Almedina, 2020. p. 207-227.

norteada pela persecução do interesse público, visando ao uso para a execução das competências próprias de cada órgão, devendo igualmente disponibilizar informações claras, atualizadas e de fácil acesso sobre os procedimentos de tratamento, indicando também os encarregados das operações.

Entretanto, ao contrário do GDPR, regulamento mais flexível que permite um controle com base no risco (*risk based approach*), a LGPD é um instrumento mais rígido, baseado em comando e controle, o que contribui "ainda mais para a insegurança no contexto nacional". Concluem os autores em estudo, portanto:

> Por isso, (a) fundamental que eventuais normas criadas para regular diretamente as *blockchains* observem a multissetorialidade das aplicações e a tendência mundial por *frameworks* baseados no risco. Do ponto de vista das ordenações que impactam indiretamente os sistemas, a exemplo das vindouras regulações dos algoritmos, da inteligência artificial e de outras leis que se somem ao microssistema de regulação tecnológica, (b) premente estar alinhado com as práticas legislativas que não sufoquem a inovação; mas pelo contrário: incentivam o mercado e as aplicações de interesse público.[117]

Ulrich,[118] fazendo referência expressa ao mercado de criptomoedas, entende que a limitação do poder estatal, em última análise, reflete as forças de mercado, as aspirações de liberdade humana e o pleno exercício de seus direitos fundamentais, não estando vinculado a governos:

> Muitos têm alertado que governos não tolerarão que o sistema monetário seja reformado por um punhado de cyberpunks e seu dinheiro mágico de internet. Haverá intervenções. Haverá regulações. Haverá taxações. Haverá também tentativas de controlar. Mas olhemos a história recente. Governos tentaram impedir e então nacionalizar os correios. Buscaram impedir o compartilhamento de arquivos. Procuraram acabar com a pirataria. Tentaram também suspender a distribuição online de fármacos. Tentaram acabar com o uso, a fabricação e distribuição online de drogas. Buscaram gerir e controlar o desenvolvimento de software por meio de patentes e leis antitruste. Se tentarem barrar ou até mesmo controlar uma criptomoeda, não terão êxito. Serão novamente derrotados pelas forças de mercado.

---

[117] FEIGELSON, Bruno; ARAÚJO, Bernardo. *Op. cit.*, p. 211-213.
[118] ULRICH, Fernando. *Op. Cit.*, p. 99-100.

E aqui está a ironia. A forma mais direta com a qual os governos podem controlar o Bitcoin é intervindo na conversão entre a moeda digital e as moedas nacionalizadas. Quanto mais eles intervêm, mais eles incentivam os indivíduos a mover-se ao e permanecer no ecossistema do Bitcoin. Todas essas tentativas poderiam acabar alimentando o mercado. Mas há outras razões, além dessa consideração, que fazem de uma criptomoeda algo irreversível: taxas de transações praticamente nulas, segurança, proteção contra fraude, velocidade, privacidade e muito mais. Bitcoin é simplesmente uma tecnologia superior.

Cem anos atrás, o desenvolvimento da moeda foi retirado das forças de mercado e posto nas mãos dos governos. As consequências foram guerra, instabilidade econômica, o furto dos poupadores, exploração em massa e a explosão do poder e tamanho dos estados ao redor de todo o mundo. A criptomoeda proporciona a perspectiva de não somente reverter essas tendências, mas, também, de jogar um papel crucial na construção de um novo mundo de liberdade.

Em síntese, as lições apresentadas pelos doutrinadores estudados apresentam-nos uma nova forma de mobilização do poder estatal, por meio de políticas públicas e edição de atos normativos, que inevitavelmente irão provocar o incremento do poder, da vigilância e da punição sobre os comportamentos individuais, em decorrência da sociedade da informação, o que demandará uma especial atenção em relação à comunidade quanto à proteção dos direitos fundamentais dos cidadãos.

2.3 Os necessários limites e parâmetros na regulação administrativa e criminal

Ao mesmo tempo em que o Estado aumenta o seu poder de vigilância sobre seus cidadãos, aproximamo-nos do pensamento do professor e cientista político norte-americano Holmes[119] que, ao citar Maquiavel, discorre que os governos devem ser inclinados a tornar o seu próprio comportamento previsível em busca da cooperação social, tendendo a se comportarem como se fossem limitados pela lei, ao invés de usarem a imprevisibilidade legislativa como uma "vara" para disciplinar as populações a ele submetidas.

No mesmo sentido, o economista e filósofo austríaco Hayek, para quem o Estado de Direito é a característica que mais claramente distingue um país livre de um país submetido a um governo arbitrário:

---

[119] HOLMES, Stephen. *Lineages of the rule of law. Democracy and the rule of law*, p. 20.

A característica que mais claramente distingue um país livre de um país submetido a um governo arbitrário é a observância, no primeiro, dos grandes princípios conhecidos como o Estado de Direito. Deixando de lado os termos técnicos, isso significa que todas as ações do governo são regidas por normas previamente estabelecidas e divulgadas - as quais tornam possível prever com razoável grau de certeza de que modo a autoridade usará seus poderes coercitivos em dadas circunstâncias, permitindo a cada um planejar suas atividades individuais com base nesse conhecimento.[120]

Dessa forma, em um Estado de Direito, a atuação estatal na regulação de comportamentos individuais, seja na esfera administrativa, seja na área penal, encontra o seu limite na lei, que traz previsibilidade aos indivíduos e um razoável grau de certeza à sua relação em face do Estado.

Cavali narra ser controversa a questão atinente à diferenciação entre ilícitos administrativos sancionadores e infrações penais, devendo ser levado em consideração, por primeiro, o critério diferenciador ontológico a ser utilizado. Para o autor, determinadas condutas não devem ser excluídas do conceito de crime, não sendo facultado ao legislador sancioná-las apenas administrativamente, por exemplo, quando a própria Constituição determinar expressamente a utilização do Direito Penal para a proteção de determinados bens jurídicos, como nos crimes de racismo, tortura, tráfico ilícito de entorpecentes, drogas e afins, nos crimes hediondos e na ação de grupos armados, civis ou militares, contra o Estado Democrático, ou seja, condutas consideradas de alta reprovabilidade:

> Em suma, na maioria das condutas tidas como (potencialmente) lesivas a bens jurídicos, caberá ao legislador selecionar como criminosas somente aquelas insuscetíveis de serem protegidas por vias menos gravosas; mas haverá, sim, condutas tão gravosas a bens jurídicos fundamentais que devem ser tipificadas como crimes.[121]

Quanto ao regime jurídico, Cavali afirma que a principal diferença entre os ilícitos penais e administrativos reside na qualidade das sanções aplicáveis:

---

[120] HAYEK, Friedrich August von. *O Caminho da servidão*. 5. ed. São Paulo: editora Instituto Liberal, 1990. p. 96.

[121] CAVALI, Marcelo Costenaro. *Op. cit.*, p. 88-95.

As sanções que privam ou limitam severamente direitos inerentes a todo e qualquer ser humano – como a vida, a personalidade jurídica, a integridade física e a liberdade – têm necessariamente de ser caracterizadas como penas. Assim, sanções como a pena de morte, a morte civil, a flagelação e a prisão – esta última a única ainda aceita entre nós – são próprias ao Direito Penal. Já sanções de caráter pecuniário, que atingem direitos que podem ser adquiridos (e perdidos) no curso da vida – como a propriedade, o patrimônio, etc. – não são propriamente penas, podendo ser aplicadas, por conseguinte, também em âmbito extrapenal.[122]

Em razão dessa diferenciação ontológica e também na qualidade das sanções aplicáveis, é certo que a punibilidade criminal de uma conduta exige, por consectário lógico, maiores garantias e direitos processuais ao acusado, a exemplo do princípio do juiz natural, da separação de poderes e da impossibilidade do *reformatio in pejus*, princípios esses mitigados na esfera do direito administrativo sancionador.

Na seara da regulação criminal, dentro da qual se inserem, por exemplo, os crimes de lavagem de dinheiro com criptoativos, além de serem assegurados maiores direitos e garantias processuais aos acusados, devemos nos escorar nas lições do criminalista Roxin, autor da "teoria do funcionalismo penal" decorrente de um movimento doutrinário surgido na Alemanha, a partir da década de 1970, que passou a encarar o Direito Penal desvinculado da mera adequação típica, inserindo-o no campo das políticas públicas e possibilitando o desempenho de sua efetiva função de mantenedor da paz social.

Para ele, a visão do Direito Penal sob o ponto de vista das políticas públicas "permite transformar não só postulados sociopolíticos, mas também dados empíricos e, especialmente, criminológicos em elementos fecundos para a Dogmática jurídica".[123]

Zaffaroni também atribui à política criminal contemporânea um forte componente institucional, tendo em vista "abarcar em seu campo a valoração da estrutura do sistema penal e das propostas formuladas a seu respeito".[124]

Acerca do viés da atuação estatal pautada na legalidade, na cidadania e na democracia, Fabretti leciona que, no Brasil, a questão

---

[122] CAVALI, Marcelo Costenaro. *Op. cit.*, p. 95.
[123] ROXIN, Claus. *Estudos de direito penal*. Trad. Luís Greco. 2. ed. Rio de Janeiro: editora Renovar, 2008. p. 66 e ss.
[124] ZAFFARONI, Eugenio Raúl *et al*. *Direito penal brasileiro*. Rio de Janeiro: editora Revan, 2003. p. 274-275.

da criminalidade deve ser encarada como um problema político-social, sendo esse o caminho mais viável para a efetivação da segurança, com substituição do paradigma da ordem pública no âmbito democrático pelo paradigma da cidadania:

> (...) no Brasil, que sempre encarou a questão da criminalidade como um problema de polícia e de direito penal, ou seja, técnico-legal, e não político-social. (...) esse proceder não é casual, mas consequência de alguns pressupostos que orientam a abordagem da questão criminal e, consequentemente, o seu tratamento e a elaboração das ações estatais em face desses problemas. Um desses pressupostos, talvez o mais importante de todos, é a subsistência da ideia de ordem como paradigma elementar de compreensão do fenômeno criminal, o que significa que toda situação de conflito é uma "desordem" (...) Não há qualquer dúvida de que a estruturação das políticas de segurança tendo por paradigma a ideia de ordem pública, não é democrática, pois não tem por objetivo a efetivação da cidadania e a garantia dos direitos fundamentais, mas sim a pura manutenção da ordem, que nada mais significa que a manutenção do próprio poder que a configurou. (...) O caminho viável na efetivação da segurança pública, para substituir o paradigma da ordem pública no âmbito democrático, é substituí-la pelo paradigma da cidadania.[125]

Sob esse mesmo prisma, Florêncio Filho nos explica que a política criminal é mais abrangente do que a política penal, contendo outras formas de solução da criminalidade, a exemplo da utilização das políticas públicas em sentido macro, por meio da educação, saúde, lazer, dentre outros:

> A política criminal é desenvolvida pela teoria da pena. Na teoria da pena, analisam-se as diversas funções da sanção penal. A política criminal é mais abrangente que a política penal, visto que abarca outras formas para solucionar o problema da criminalidade, como por exemplo, a adoção de políticas públicas em um âmbito macro, ou seja, tenta-se solucionar a criminalidade através de educação, saúde, lazer, entre outras formas de políticas públicas, diferentemente da política penal que tenta resolver o problema da criminalidade através da finalidade da pena.[126]

---

[125] FABRETTI, Humberto Barrionuevo. *Segurança Pública*: Fundamentos jurídicos para uma abordagem constitucional. São Paulo: editora Atlas, 2014. p. 129-131.
[126] FLORÊNCIO FILHO, Marco Aurélio. Abolicionismo × Direito Penal Mínimo: A Doutrina Garantista Como Opção Para (RE)Legitimação do Sistema Penal. *Revista Ideia Nova*, Recife, Ano 5, n. 3, p. 168, 2007.

Para Smanio e Nunes, outra característica que deve permear as políticas públicas enquanto instrumento de cidadania é a ideia de transparência, com participação dos cidadãos na formulação da gestão pública e na destinação dos recursos necessários à sua promoção:

> As políticas públicas enquanto instrumento de promoção da cidadania devem estar diretamente relacionadas à ideia de transparência. O cidadão, ao participar dos assuntos de gestão pública e exercer o controle social sobre a destinação do dinheiro público colabora não somente para a publicidade dos atos da Administração Pública, mas, sobretudo, para elevar a qualidade da execução dos serviços públicos.[127]

Por sua vez, Fabretti e Smanio fundamentam que o Estado Social e Democrático de Direito, sem abandonar a intervenção na realidade social, deve reforçar os seus limites jurídicos em um sentido democrático, possibilitando a atuação do Direito Penal na proteção efetiva dos cidadãos:

> Com a aparição do Estado social, intervencionista, com a finalidade de influir e modificar a realidade da sociedade, foi acentuada a luta contra a delinquência, com atenção para a prevenção especial realizada sobre a pessoa do delinquente. Entretanto, o Estado social trouxe consigo o risco dos sistemas políticos totalitários, que existiram historicamente no período entre as guerras mundiais, embora, ainda hoje, no mundo, sejam sentidos seus efeitos.
> Surge, dessa forma, a necessidade de um Estado que, sem abandonar a intervenção na realidade social, tenha reforçado seus limites jurídicos em um sentido democrático. O Estado passa a ser visto como um Estado Social e Democrático de Direito.
> Dentro dessa perspectiva, o Direito Penal passa a assumir as funções de proteção efetiva dos cidadãos, e sua missão de prevenção ocorrerá na medida do necessário para aquela proteção, mas sempre dentro dos limites fixados pelos princípios democráticos.[128]

Da leitura dos autores acima, observamos que o poder de vigilância estatal sobre os comportamentos individuais, em um Estado Social e Democrático de Direito, pautado na democracia e na proteção

---

[127] SMANIO, Gianpaolo Poggio; NUNES, Andréia Regina Schneider. Transparência e controle social de políticas públicas: efetivação da cidadania e contribuição ao desenvolvimento. *Revista Interfaces Científicas – Humanas e Sociais*, Aracaju, v. 4, n. 3, p. 83-96, 2016.
[128] FABRETTI, Humberto Barrionuevo; SMANIO, Gianpaolo Poggio. *Direito Penal*: parte geral. São Paulo: editora Atlas, 2019. p. 142.

aos direitos fundamentais, necessariamente encontra seus limites na lei e ela deve nortear a atuação dos nossos representantes, principalmente na seara do direito criminal, que envolve a liberdade humana.

Isso não significa dizer que o Estado deve abrir mão do direito de punir (*jus puniendi*), pelo contrário, quem pratica uma conduta tipificada como crime deve responder de forma exemplar, nos limites da lei e da sua culpabilidade, podendo as autoridades da persecução penal se utilizarem de todos os meios legítimos e necessários para tanto. O que se defende, aqui, é a ideia de uma política criminal regulatória dos crimes cibernéticos adequada aos fins a que se destina, que leve em consideração o binômio punição/realidade social no nosso país.

A propósito, Streck[129] é preciso em suas palavras:

> (...) não há liberdade (absoluta) de conformação legislativa nem mesmo em matéria penal, ainda que a lei venha a descriminalizar condutas consideradas ofensivas a bens fundamentais. Nesse sentido, se de um lado há a proibição de excesso (Ubermassverbot), de outro há a proibição de proteção deficiente (Untermassverbot). Ou seja, o direito penal não pode ser tratado como se existisse apenas uma espécie de garantismo negativo, a partir da garantia de proibição de excesso. Com efeito, a partir do papel assumido pelo Estado e pelo Direito no Estado Democrático de Direito, o direito penal deve ser (sempre) examinado também a partir de um garantismo positivo, isto é, devemos nos indagar acerca do dever de proteção de determinados bens fundamentais através do direito penal.

Nesse sentido, a implementação de políticas afirmativas, mormente no campo econômico, permite uma atuação preventiva na estruturação das minorias hipossuficientes, que coincidentemente correspondem à maior parte dos ocupantes dos presídios no nosso país. Em outras palavras, entendemos que um país mais desigual economicamente produz maior criminalidade, e vice-versa.

De acordo com estudo promovido pela Faculdade de Economia, Administração e Contabilidade de Ribeirão Preto da Universidade de São Paulo (FEA-USP),[130] constatou-se que municípios com maior desigualdade econômica possuem maiores taxas de criminalidade, principalmente envolvendo crimes contra o patrimônio. A pesquisa,

---

[129] STRECK, Lenio Luiz. Da proibição de excesso (ubermassverbot) à proibição de proteção deficiente (untermassverbot): de como não há blindagem contra normas penais inconstitucionais. *Revista do Instituto de Hermenêutica*, Porto Alegre, IHJ, p. 250, 2003.

[130] Disponível em: https://www.fearp.usp.br/institucional/item/8353-estudo-aponta-relacao-entre-desigualdade-e-criminalidade.html. Acesso em: 20 ago. 2022.

realizada no ano de 2019 com base em municípios paulistas, serve de amostragem para o resto do país:

> Municípios com maior desigualdade econômica possuem maiores taxas de criminalidade. É o que aponta o Boletim Segurança Pública, um estudo conduzido pelos professores Luciano Nakabashi e Amaury Gremaud, e pelos mestrandos André Menegatti e Nícolas Scaraboto, da FEA-RP, que analisou dados dos municípios paulistas de 2010 e 2019.
> A correlação dos dados Gini [medida de desigualdade e concentração de renda] com os indicadores de segurança pública apontam uma relação proporcional: quanto maior a desigualdade, maior o índice de criminalidade. "A desigualdade de renda coloca para a margem do sistema produtivo parte da população, favorecendo, por sua vez, a realização de atividades ilegais como forma de sobrevivência" explicam os pesquisadores.
> O estudo mostra que há também uma relação proporcional entre o desenvolvimento econômico municipal e a taxa de roubo: quanto maior o nível de renda e de desenvolvimento econômico, maior é o retorno dos crimes contra o patrimônio, pois fornece maiores oportunidades para tais atividades.
> Essas relações podem ser verificadas quando a criminalidade é analisada ao longo das regiões do Estado: há menor segurança pública nos municípios do litoral paulista, que possui altos índices de desigualdade, e os crimes contra o patrimônio estão concentrados nos municípios no entorno da capital, Campinas e ao longo das rodovias BR 116, BR 101 e SP 330, onde há altos índices de riqueza.

Para Copetti Santos,[131] se a criminalidade se origina da desigualdade social que separa os indivíduos em abismos de classe, deverá ser esse o principal parâmetro a ser considerado na formulação de políticas criminais eficazes pelo Estado, consistentes no oferecimento, aos que vivem sob essas condições espúrias, de oportunidades que resguardem o bem-estar social e a cidadania:

> Assim, o caminho inexorável é a concretização de um projeto constitucionalizado de cidadania da população que se encontra mais vulnerável economicamente e, portanto, mais próxima do cometimento das condutas delituosas. E o instrumento adequado para esse fim é a efetivação de políticas públicas voltadas à concretização de direitos sociais como

---

[131] COPETTI SANTOS, André Leonardo. Políticas Públicas e tratamento da criminalidade numa sociedade democrática. *Revista do Direito UNISC* (Universidade de Santa Cruz do Sul), n. 33, p. 3-18, jan./jun. 2010.

a educação, o trabalho, a seguridade social, a saúde, o lazer, a cultura, uma habitação digna, um salário que suporte as demandas familiares, enfim, uma série de carências que, uma vez atendidas, irão possibilitar a diminuição de grande parte da criminalidade hoje ocorrente.

Em conclusão, embora essa seja uma realidade ainda distante no nosso país, vislumbramos atividade regulatória das políticas públicas criminais um meio de prevenção delitiva muito mais eficiente em longo prazo do que as meras medidas legais, a exemplo da criação de novos tipos criminais ou causas de aumento de pena.

CAPÍTULO 3

OS CIBERCRIMES E SUA NECESSÁRIA INTERRELAÇÃO COM AS POLÍTICAS PÚBLICAS CRIMINAIS AO REDOR DO MUNDO: A POSIÇÃO DO BRASIL

3.1 A experiência internacional nos acordos de combate aos cibercrimes e a questão da soberania dos Estados

A preocupação dos especialistas acerca da necessidade de celebração de acordos internacionais no combate à prática de cibercrimes não é exclusiva no Brasil tampouco recente, uma vez que tal espécie delitiva transcende fronteiras, cuidando-se, portanto, de uma problemática mundial.[132]

O primeiro tratado internacional de combate aos crimes praticados na internet foi a *Convenção de Budapeste sobre o Cibercrime*,[133] elaborada pelo Comitê Europeu para os Problemas Criminais e firmada na capital da Hungria, mediante aprovação do Comitê de Ministros da Justiça em sessão de 08 de novembro de 2001, com assinatura em 23 de novembro de 2001 e vigência em 01 de julho de 2004, tendo por objetivo principal estabelecer regras claras e coordenadas entre os Estados signatários de cooperação no combate à criminalidade pela internet.

---

[132] Nesse sentido, reportagem da agência de notícias da Câmara dos Deputados do Brasil, datada de 28.05.2008, que relata a preocupação do então chefe do Departamento de Tecnologia da Informação e Propriedade Intelectual dos Estados Unidos da América, procurador Christopher Painter, alertando a comunidade internacional, inclusive o Brasil, para a necessidade de elaboração de leis mais duras, para punir mais severamente os crimes cibernéticos. Disponível em: https://www.camara.leg.br/noticias/118460-eua-sugerem-a-coes-para-combate-a-crimes-ciberneticos/. Acesso em: 20 ago. 2022.

[133] Texto integral disponível em: https://rm.coe.int/16802fa428. Acesso em: 22 ago. 2022.

A Convenção de Budapeste, além do preâmbulo, contém quarenta e oito artigos, organizados em quatro capítulos, nos quais se estabelecem criminalização de condutas, normas para investigação e produção de provas eletrônicas, bem como meios de cooperação internacional.

Terminologicamente, a Convenção de Budapeste define no capítulo I, artigo 1º, *sistema informático* como qualquer dispositivo isolado ou grupo de dispositivos relacionados ou interligados, em que um ou mais entre eles, desenvolve, em execução de um programa, o tratamento automatizado dos dados; são definidos ainda os *dados informáticos* como quaisquer representações de fatos, de informações ou de conceitos sob uma forma suscetível de processamento num sistema de computadores, incluindo um programa, apto a fazer um sistema informático executar uma função; já *fornecedor de serviço* é conceituado como: a) qualquer entidade pública ou privada que faculte aos utilizadores dos seus serviços a possibilidade de se comunicar por meio de um sistema informático; e b) qualquer outra entidade que processe ou armazene dados informáticos em nome do referido serviço de comunicação ou dos utilizadores desse serviço; e por fim, *dados de tráfego* são definidos como todos os dados informáticos relacionados com uma comunicação efetuada por meio de um sistema informático, gerados por esse sistema como elemento de uma cadeia de comunicação, indicando a origem da comunicação, o destino, o trajeto, a hora, a data, o tamanho, a duração ou o tipo do serviço subjacente.

Na sequência, referida convenção possui normas de direito penal material, disciplinando violações de direito autoral, fraudes relacionadas a computador, material de abuso sexual infantil, crimes de ódio e violações de segurança de redes. Prevê ainda normas de direito processual, regrando uma série de poderes e procedimentos, como a pesquisa de redes de computadores e interceptação legal. Quanto às normas de direito internacional, a convenção trata de extradição, assistência jurídica mútua e acordos de cooperação permanente entre os países signatários.

Segundo Batich e El Rafih,[134] da referida convenção se extraem duas modalidades de práticas de crimes cibernéticos: as próprias e as impróprias. Na primeira, há violação dos dados, informações ou sistemas propriamente ditos, abrangendo desde a alteração e a destruição de dados, até o acesso não autorizado desses e de sistemas; já a segunda

---

[134] BATICH, Filipe Lovato; EL RAFIH, Rhasmye. Crimes cibernéticos e a Convenção de Budapeste. *Consultor Jurídico*, 07mar. 2022. Disponível em: https://www.conjur.com.br/2022-mar-07/opiniao-crimes-ciberneticos-convencao-budapeste. Acesso: em 30 nov. 2022.

ocorre quando a informática é instrumento para a execução do crime, como nas fraudes eletrônicas.

Ainda para referidos autores, dentre as condutas cuja tipificação é recomendada pela Convenção de Budapeste, as que mais impactam a atividade empresarial são: 1) violações à confidencialidade, integridade e disponibilidade de dados e sistemas informáticos, incluindo acesso, interceptações, interferência e utilização, sempre de forma ilícita; 2) falsidade informática e o estelionato eletrônico; e 3) violações de direitos autorais e conexos.[135]

Apesar de o notável avanço em termos de cooperação internacional no combate aos cibercrimes, a Convenção de Budapeste recebeu críticas da comunidade jurídica,[136] no sentido de que o documento promove a transposição de normas penais de direito material, bem como elimina ou reduz garantias processuais, tais como a de controle judicial e a de transparência das medidas de interceptação do conteúdo de comunicações.

Preocupada com tais repercussões negativas, a Organização das Nações Unidas, por meio da Resolução nº 74/247, de 2019,[137] estabeleceu um comitê *ad hoc*, com o objetivo de orientar os países a observarem os direitos fundamentais na elaboração de suas normas sobre cibercrimes, sob pena de apresentarem graves problemas, muitos deles relacionados a direitos de liberdade de expressão e de associação, implicando em erros críticos de combate ao terrorismo e à desinformação.

Nesse sentido, entende a ONU ser fundamental definir de forma clara o que constitui um crime cibernético, uma vez que não existe um consenso global sobre seu escopo, sendo que as proposições legislativas dos seus Estados-membros devem se atentar para liberdades e garantias individuais previstas em instrumentos e tratados internacionais.

O Brasil, somente no final do ano de 2021, sob o contexto dos efeitos da pandemia e do aumento significativo dos crimes virtuais, deliberou pela sua adesão à convenção, por meio do Decreto Legislativo nº 37, de 16.12.2021.[138]

---

[135] BATICH, Filipe Lovato; EL RAFIH, Rhasmye. *Op. cit.*

[136] Nesse sentido: EILBERG, Daniela Dora et al. Os cuidados com a Convenção de Budapeste. *Portal Jota*, 08 jul. 2021. Disponível em https://www.jota.info/opiniao-e-analise/colunas/agenda-da-privacidade-e-da-protecao-de-dados/os-cuidados-com-a-convencao-de-budapeste-08072021. Acesso em: 30 nov. 2022.

[137] Organização das Nações Unidas (ONU). Resolução nº 74/247/2019. Disponível em: https://digitallibrary.un.org/record/3847855. Acesso em: 30 nov. 2022.

[138] BRASIL. SENADO FEDERAL. *Decreto Legislativo nº 37 de 16 de dezembro de 2021.* Aprova o texto da Convenção sobre o Crime Cibernético, celebrada em Budapeste, em 23 de

Até aquela data, as últimas atualizações no ordenamento jurídico penal brasileiro quanto a crimes sem cunho sexual na seara cibernética haviam se dado por meio: 1) da Lei nº 14.155, de 27 de maio de 2021,[139] que alterou o Decreto-Lei nº 2.848, de 07 de dezembro de 1940 – Código Penal –, para tornar mais graves os crimes de violação de dispositivo informático, furto e estelionato cometidos de forma eletrônica ou pela internet e o Decreto-Lei nº 3.689, de 03 de outubro de 1941 – Código de Processo Penal –, para definir a competência em modalidades de estelionato; 2) da Lei nº 12.965, de 23 de abril de 2014[140] (Marco Civil da Internet), que estabeleceu princípios, garantias, direitos e deveres para o uso da Internet no Brasil; e 3) da Lei nº 12.737 de 2012[141] (Lei Carolina Dieckmann), que acrescentou ao Código Penal o delito de *invasão de dispositivo informático*, dentre outros crimes virtuais.

É importante consignar que, desde o ano de 2012, tramita no Brasil o Projeto de Lei nº 236,[142] de autoria do Senado Federal, que busca sistematizar um novo Código Penal Brasileiro, prevendo a figura dos crimes virtuais, inseridos no capítulo atinente aos crimes cibernéticos (Parte Especial: Título VI), conforme ementa do referido projeto:

> Ementa: Reforma do Código Penal Brasileiro. Explicação da Ementa: Institui novo Código Penal, sendo divido em Parte Geral (art. 1º ao 120) e Parte Especial (art. 121 ao 541). Sendo a Parte Geral dividida nos seguintes Títulos: I – Aplicação da Lei Penal (art. 1º ao 13); II – Do Crime (art. 14 ao 44); III – Das Penas (art. 45 ao 70); VI – Da Individualização das Penas (art. 71 ao 94); V – Medidas de Segurança (art. 95 ao 98); VI – Ação Penal (art. 99 ao 104); VII – Barganha e Colaboração com a Justiça

---

novembro de 2001. Disponível em: https://legis.senado.leg.br/norma/35289207. Acesso em: 22 ago. 2022.

[139] BRASIL. *Lei federal nº 14.155, de 27 de maio de 2021.* Altera o Decreto-Lei nº 2.848, de 7 de dezembro de 1940 (Código Penal), para tornar mais graves os crimes de violação de dispositivo informático, furto e estelionato cometidos de forma eletrônica ou pela internet; e o Decreto-Lei nº 3.689, de 3 de outubro de 1941 (Código de Processo Penal), para definir a competência em modalidades de estelionato. Secretaria-Geral, DF. Disponível em: http://www.planalto.gov.br/ccivil_03/_ato2019-2022/2021/lei/L14155.htm. Acesso em: 30 nov. 2022.

[140] BRASIL. *Lei federal nº 12.965, de 23 de abril de 2014.* Estabelece princípios, garantias, direitos e deveres para o uso da Internet no Brasil. Secretaria-Geral. Disponível em: https://www.planalto.gov.br/ccivil_03/_ato2011-2014/2014/lei/l12965.htm. Acesso em: 30 nov. 2022.

[141] BRASIL. *Lei federal nº 12.737, de 30 de novembro de 2022.* Dispõe sobre a tipificação criminal de delitos informáticos; altera o Decreto-Lei nº 2.848, de 7 de dezembro de 1940 - Código Penal; e dá outras providências. Casa Civil. Disponível em: https://www.planalto.gov.br/ccivil_03/_ato2011-2014/2012/lei/l12737.htm. Acesso em: 30 nov. 2022.

[142] BRASIL. SENADO FEDERAL. *Projeto de Lei nº 236, de 2012.* Reforma do Código Penal Brasileiro. Disponível em: https://www25.senado.leg.br/web/atividade/materias/-/materia/106404. Acesso em: 04 nov. 2022.

(art. 105 ao 106); VIII – Extinção da Punibilidade (art. 107 ao 120). A Parte Especial tem os seguintes Títulos: I – Crimes Contra a Vida (art. 121 ao 154); II – Crimes Contra o Patrimônio (art. 155 ao 171); III – Crimes contra a Propriedade Imaterial (art. 172 ao 179); IV – Crimes Contra a Dignidade Sexual (art. 180 ao 189); V – Crimes Contra a Incolumidade Pública; VI – Crimes Cibernéticos (art. 208 ao 211), VII – Crimes Contra a Saúde Pública (art. 212 ao 238); VIII – Crimes Contra a Paz Pública (art. 239 ao 258); IX – Crimes Contra a Fé Pública (art. 259 ao 270); X – Crimes Contra a Administração Pública (art. 271 ao 324); XI – Crimes Eleitorais (art. 325 ao 338); XII – Dos Crimes Contra as Finanças Públicas (art. 339 ao 347); XIII – Crimes Contra a Ordem Econômico-Financeira (art. 348 ao 387); XIV – Crimes contra Interesses Metaindividuais (art. 388 ao 451); XV – Crimes Relativos a Estrangeiros (art. 452 ao 457); XVI – Crimes Contra os Direitos Humanos (art. 458 ao 503); XVII – Crimes de Guerra (art. 504 ao 541). O Código entrará em vigor noventa dias após a data de sua publicação (art. 542). Indica, de forma específica, todas as disposições legais que serão revogadas (art. 543).

Contudo, as diversas falhas da redação do projeto legislativo em questão indicam que sua aprovação ainda está longe de ocorrer, conforme ressalta Damásio de Jesus:[143]

> Em 27 de junho de 2012, o anteprojeto que propõe a reforma do Código Penal foi entregue ao Presidente do Senado. A proposta foi elaborada por juristas e tramita no congresso nacional como PLs n. 236/2012. O Anteprojeto foi apresentado ao então residente do senado José Sarney e foi fruto de sete meses de discussões de uma comissão de Juristas. Apesar da ampla discussão, ainda assim é considerado um projeto repleto de falhas, o que indica que longe de aprovação. Durante o trâmite, o projeto recebeu mais de 30 mil sugestões de setores da sociedade civil e entidades, tendo ainda recebido mais de 350 emendas. Não restam dúvidas de que a discussão só está começando, de maneira que é muito precoce para tratarmos seus reflexos em relação aos crimes cibernéticos. A despeito deste fato, é possível visualizar os pontos que a reforma do Código Penal traz em relação aos crimes cibernéticos. Muitas das propostas em relação a cibercrimes são incompatíveis considerando as leis existentes. Outras ainda carecerão de maiores estudos, pois são genéricas e com possibilidade de amplas interpretações.

---

[143] JESUS, Damásio Evangelista de. *Código Penal Comentado*. São Paulo: editora Saraiva, 2016. p. 182.

De acordo com a doutrina de Senna e Ferrari,[144] o ingresso do Brasil na Convenção de Budapeste proporcionou às autoridades brasileiras acesso mais ágil a provas eletrônicas sob jurisdição estrangeira, além de mais efetiva cooperação jurídica internacional, indicando também parâmetros para o armazenamento de dados sensíveis, busca e apreensão de dados informáticos e princípios gerais relativos à extradição.

Em todo o mundo, diversos países signatários da Convenção de Budapeste, a exemplo dos Estados Unidos da América, do Japão, do Canadá, da África do Sul e da União Europeia, já contam com entidades autônomas e independentes para fiscalizar e implementar políticas públicas de combate aos cibercrimes.[145]

A título de exemplo, na União Europeia, a agência *Europol*, sediada em Haia, nos países baixos, presta apoio a 27 (vinte e sete) Estados-membros no âmbito da luta contra as formas graves de criminalidade internacional e de terrorismo, colaborando ainda com países estrangeiros e organizações internacionais no combate a diversos crimes e novos perigos, como a cibercriminalidade e o tráfico de seres humanos.[146]

Também no aspecto intergovernamental, são diversos os exemplos de acordos internacionais, tal como uma aliança entre os Estados Unidos, a Índia, o Japão e a Austrália, que compõem o chamado *Diálogo de Segurança Quadrilateral*, ou QUAD (sigla em inglês para *Quadrilateral Security Dialogue*), formada no ano de 2021, destinada a promover melhores práticas e padrões de políticas públicas envolvendo a cibersegurança.[147]

Especificamente no tocante aos Estados Unidos da América, recentemente, o Senado apresentou um projeto de lei para reprimir a lavagem de dinheiro e o financiamento do terrorismo por nações no âmbito das criptomoedas. Conhecido como *Digital Asset Anti-Money Laundering Act* (tradução livre: lei antilavagem de dinheiro com ativos

---

[144] SENNA, Felipe; FERRARI, Daniella. Convenção de Budapeste e crimes cibernéticos no Brasil. *Portal Migalhas*, 21 out. 2020. Disponível em: https://www.migalhas.com.br/depeso/335230/convencao-de-budapeste-e-crimes-ciberneticos-no-brasil. Acesso em: 30 nov. 2022.

[145] CNIL. Data Protection Around the World. Disponível em: https://www.cnil.fr/en/data-protection-around-the-world. Acesso em: 22 ago. 2022.

[146] EUROPOL. *Sobre a Europol*. Disponível em: https://www.europol.europa.eu/about-europol:pt. Acesso em: 22 ago. 2022.

[147] EUA, Japão, Índia e Austrália criam grupo de cibersegurança. *Ciso Advisor*, 28 set. 2021. Disponível em: https://www.cisoadvisor.com.br/eua-japao-india-e-australia-lancam-grupo-de-ciberseguranca/. Acesso em: 20 ago. 2022.

digitais), essa lei, caso aprovada, conterá regras de verificação de identidade (*KYC* ou "Conheça Seu Cliente") para operadores desse mercado, tais como provedores de carteiras e mineradores.

Além disso, a futura legislação norte-americana vedará a realização de transações, pelas instituições financeiras, com os "mixers" de criptomoedas, que são ferramentas projetadas para ocultar a origem de recursos. A vindoura lei também permitirá que a *Rede de Combate a Crimes Financeiros* (ou *FinCEN*) implemente uma regra de que as instituições relatem certas transações envolvendo carteiras de criptoativos operadas de forma privada – mediante autocustódia de seus ativos digitais, sem depender de *exchanges* ou outras plataformas. Isso porque, naquele país, tal como em praticamente todo o mundo, as preocupações com o uso das criptomoedas para facilitar a lavagem de dinheiro e o financiamento do terrorismo são frequentemente citadas por legisladores e reguladores que buscam uma regulamentação mais robusta para a indústria dos criptoativos.[148]

Entretanto, a principal problemática que se coloca na formulação de políticas internacionais de combate aos cibercrimes refere-se ao processamento internacional dos dados, uma vez que, frequentemente, os crimes cibernéticos são praticados por agentes residentes em outros países, surgindo desse fato um aparente conflito envolvendo o princípio da extraterritorialidade da aplicação da lei penal em face da soberania estatal.

Domingos e Röder,[149] citando autores clássicos como Dalmo de Abreu Dallari e Miguel Reale, lecionam que o conceito de soberania tem evoluído desde a Antiguidade, alcançando o seu auge, com as características que hoje conhecemos como um poder absoluto, perpétuo e inalienável, a partir do século XVI, com a obra *Lex six livres de la République* (tradução literal: Os seis livros da República), de Jean Bodin, filósofo, teórico político e jurista francês.

Segundo as autoras, há diferentes concepções a respeito do conceito de soberania, que tanto pode ser vista para alguns como o *poder*

---

[148] Senadores dos EUA apresentam projeto de lei para reprimir lavagem de dinheiro com criptos. *Infomoney CoinDesk Brasil*, 14 dez. 2022. Disponível em: https://www.infomoney.com.br/mercados/senadores-dos-eua-apresentam-projeto-de-lei-para-reprimir-lavagem-de-dinheiro-com-criptos/. Acesso em: 15 dez. 2022.

[149] DOMINGOS, Fernanda Teixeira Souza; RÖDER, Priscila Costa Schreiner. Obtenção de provas digitais e jurisdição na internet. *Crimes cibernéticos*, 2ª Câmara de Coordenação e Revisão, Criminal, Brasília; MPF, Coletânea de artigos; v. 3, p. 28-29, 2018. 275 p. Disponível em: https://memorial.mpf.mp.br/nacional/vitrine-virtual/publicacoes/crimes-ciberneticos-coletanea-de-artigos. Acesso em: 22 ago. 2022.

do Estado, quanto para outros como a *qualidade essencial do Estado* e ainda uma terceira visão como *expressão da unidade de uma ordem*. Entretanto, a noção de soberania sempre estará ligada à concepção de poder, seja quando concebida em termos puramente políticos, seja na evolução para uma concepção puramente jurídica. Levando-se em consideração que o Estado compreende fenômenos sociais, jurídicos e políticos, o conceito de soberania deve abranger todas aquelas concepções e características atinentes:

> A soberania possui como características o ato de ser una (inadmissível a convivência num mesmo Estado de duas soberanias), indivisível (aplica-se à universalidade dos atos ocorridos no Estado, sendo inadmissível a existência de partes separadas da mesma soberania), inalienável (seu detentor desaparece quando ficar sem ela) e imprescritível (não possui prazo certo de duração, aspira à existência permanente). Desse modo, atentando-se às características da soberania, é inadmissível que uma empresa estrangeira que possua filial, ou venha a prestar serviços no Brasil, submeta-se a apenas parte da soberania nacional: concorda com a submissão à legislação comercial ou tributária brasileira, porém descumpre ou não atende de maneira correta às decisões emanadas do Poder Judiciário brasileiro para o fornecimento de informações telemáticas, sob o equivocado argumento de necessidade de cooperação jurídica internacional com o país onde estão suas sedes ou servidores.

A soberania nacional em regra acompanha os limites da jurisdição, estando limitada ao território de cada país. O art. 5º, *caput*, do Código Penal, adotou o chamado Princípio da Territorialidade, segundo o qual aplica-se a lei penal brasileira aos crimes cometidos no território nacional, ressalvada a existência de tratados, convenções e regras de direito internacional, por meio da qual os países renunciam em parte da sua soberania em razão da proteção de um bem jurídico maior, a exemplo da previsão do art. 7º, II, "a" do mesmo código:

> Art. 5º – Aplica-se a lei brasileira, sem prejuízo de convenções, tratados e regras de direito internacional, ao crime cometido no território nacional.
> (...)
> Art. 7º – Ficam sujeitos à lei brasileira, embora cometidos no estrangeiro:
> (...)
> II – os crimes:
> a) que, por tratado ou convenção, o Brasil se obrigou a reprimir.

Nesse sentido, a possibilidade de uma autoridade de fiscalização de determinado país obter provas mediante o acesso de informações sobre a prática de um crime em dispositivos informáticos ou servidores de internet, pertencentes a autoridades de outro país, demanda uma controvérsia que somente poderá ser sanada mediante cooperação jurídica internacional em matéria penal.

Nas palavras de Bechara, a chamada prova transnacional "é aquela cuja fonte de prova encontra-se dentro dos limites da soberania de outro Estado, e que, portanto, requer a cooperação e o auxílio deste para a obtenção do dado ou elemento probatório".[150]

Acerca da obtenção de prova transnacional mediante acesso a dados informáticos armazenados em outro país, a já referida Convenção de Budapeste prevê, no seu artigo 32, que uma parte poderá, sem autorização da outra parte: a) acessar dados armazenados acessíveis ao público (fonte aberta), seja qual for a localização geográfica desses dados; ou b) acessar ou receber, através de um sistema informático situado no seu território, dados informáticos armazenados situados no território de outra parte, se obtiver o consentimento legal e voluntário da pessoa legalmente autorizada a divulgar esses dados, através desse sistema informático.

A questão assume dimensão ainda maior se considerarmos que os serviços de nuvem (*cloud*) e hospedagem de dados em servidores externos praticamente eliminaram o critério de localização física da informação.

O primeiro caso notório de jurisdição internacional sobre dados armazenados em servidores externos envolveu a empresa de tecnologia Yahoo e a Bélgica. Nesse processo, um promotor de justiça da Bélgica requereu a intimação da empresa em seu escritório situado na Califórnia, Estados Unidos, para que fornecesse dados que serviriam de prova criminal em investigação relativa à fraude em compra e venda. A empresa negou o fornecimento das informações, mas a Suprema Corte belga decidiu favoravelmente ao governo local, determinando o cumprimento da intimação, sob pena de multa diária.[151]

---

[150] BECHARA, Fábio Ramazzini. *Cooperação jurídica internacional em matéria penal*: eficácia da prova produzida no exterior. São Paulo: Ed. Saraiva, 2011. p. 37-38.
[151] Integra do caso disponível em inglês: https://www.wsgr.com/a/web/283/burton-yahoo-0411.pdf. Acesso em: 20 ago. 2022.

Zanatta, Santos, Saliba, Vergili e Cunha[152] citam ainda o caso "Microsoft vs United States",[153] que envolveu a extraterritorialidade da persecução criminal ao serem requisitados, pelas autoridades americanas, dados eletrônicos armazenados em um *datacenter* da Microsoft na Irlanda.

No processo supracitado, segundo o Departamento de Justiça do governo norte-americano, a Microsoft estaria obrigada a cumprir um mandado judicial, expedido por juiz federal de Nova Iorque, Estados Unidos, no ano de 2013, de acordo com o *Stored Communications Act*, assinado em 1986 e com base na *tese do controle*, que determina a obrigatoriedade de fornecimento de dados que estejam sobre o controle da empresa, não importando onde esses dados estejam armazenados.

A Microsoft, na sua defesa judicial, alegou se tratar de extraterritorialidade de aplicação do Direito e que somente estaria obrigada a fornecer os dados ao governo norte-americano caso houvesse uma cooperação internacional com o governo irlandês, mediante um procedimento conhecido como "MLAT".

Em sede recursal, o Tribunal de Apelações do Segundo Distrito de Nova Iorque decidiu favoravelmente à tese da Microsoft, fundamentando que a determinação de entrega de conteúdo de dados somente poderia ser operacionalizada mediante a expedição de um mandado de busca e apreensão, que não pode ter efeitos além do território norte-americano.[154]

Ainda sobre o tema, a doutrina de Castro[155] discorreu sobre os crimes cibernéticos e os óbices ao cumprimento de acordos de cooperação internacional com base em padrões de causa provável e liberdade de expressão no direito estadunidense.

---

[152] ZANATTA, Rafael; SANTOS, Bruna Martins dos; SALIBA, Pedro; VERGILI, Gabriela; CUNHA, Brenda. Os cuidados com a Convenção de Budapeste. *Portal Jota*, 08 jul. 2021. Disponível em: https://www.jota.info/opiniao-e-analise/colunas/agenda-da-privacidade-e-da-protecao-de-dados/os-cuidados-com-a-convencao-de-budapeste-08072021. Acesso em: 22 ago. 2022.

[153] Íntegra do caso disponível em inglês: https://harvardlawreview.org/2016/12/microsoft-corp-v-united-states/. Acesso em: 22 ago. 2022.

[154] Decisão disponível (em inglês) no seguinte endereço eletrônico: https://www.lawfareblog.com/microsoft-ireland-case-brief-summary. Acesso em: 12 ago. 2022.

[155] CASTRO, Ana Lara Camargo de. Crimes cibernéticos e óbices ao cumprimento do Acordo de Cooperação Internacional (MLAT) com base nos standards de causa provável e liberdade de expressão no Direito estadunidense. *Revista do Ministério Público do Estado do Rio de Janeiro*, nº 76, abr./jun. 2020. Disponível em https://www.mprj.mp.br/documentos/20184/1904621/Ana_Lara_Camargo_de_Castro.pdf. Acesso em: 22 ago. 2022.

Após narrar a complexidade da cooperação internacional nas investigações de crimes cibernéticos em razão dos standards de liberdade de expressão e de causa provável nos Estados Unidos, a autora concluiu haver hipóteses excepcionais nas quais não poderá ser negado ou resistido o acesso aos dados, principalmente quando envolver crimes graves, tais como obscenidade, exploração sexual infanto-juvenil ou tráfico de pessoas para fins sexuais. Para as demais hipóteses, o fornecimento dos dados depende de colaboração espontânea entre as autoridades e empresas envolvidas.

Desse modo, nas palavras de Rezek e Guidi,[156] em se tratando da implementação de acordos no âmbito internacional, a disposição atual dos Estados soberanos não permite o simples avanço da jurisdição de um país sobre o outro, razão pela qual deve-se recorrer à cooperação internacional, operacionalizada mediante a expedição de cartas rogatórias, auxílio diplomático, *bons ofícios*, acordos de cooperação judicial em diversas configurações e procedimentos de homologação de sentença estrangeira, entre outros.

3.2 A institucionalização de políticas públicas como ferramenta potencialmente eficaz contra a prática de crimes cibernéticos

A doutrina de Bucci[157] enfatiza que o termo *políticas públicas* origina-se da ciência política e da ciência da Administração Pública, bem como seu campo de interesse – as relações entre a política e a ação do Poder Público – tem sido tratado, até hoje, na Ciência do Direito, em especial no âmbito da Teoria Geral do Estado, do Direito Constitucional, do Direito Administrativo ou do Direito Financeiro.

Para a autora em estudo, políticas públicas podem ser conceituadas como "programas de ação governamental visando coordenar os meios à disposição do Estado e as atividades privadas, para a realização de objetivos socialmente relevantes e politicamente determinados".[158]

A importância de traçar um conceito jurídico de políticas públicas reside no fato de que o direito assenta o quadro constitucional no qual

---

[156] REZEK, Francisco; GUIDI, Guilherme Berti de Campos. Crimes na internet e cooperação em matéria penal entre Brasil e Estados Unidos. *Revista Brasileira de Políticas Públicas (UNICEUB)*, v. 8, n. 1, p. 277-289, abr. 2018.
[157] BUCCI, Maria Paula Dallari. As políticas públicas e o Direito Administrativo. *Revista Trimestral de Direito Público*, São Paulo, Saraiva, n. 13, p. 240, 2002.
[158] BUCCI, Maria Paula Dallari. *Op. cit.*, p. 241.

atua uma política, possibilitando um diálogo institucional entre o Poder Legislativo (produção das leis), o Governo (direção política) e a Administração Pública (estrutura burocrática).

Segundo defende Bucci, há relativa proximidade entre as noções de política pública e de plano, embora aquela possa consistir num programa de ação governamental veiculado por instrumento jurídico diverso do plano. Para ela, o direito confere expressão formal e vinculativa à política pública, transformando-a em leis, normas de execução, dispositivos fiscais, enfim, "conformando o conjunto institucional por meio do qual opera a política e se realiza seu plano de ação".[159]

Dworkin considera a política (*policy*), como uma prática contraposta à noção de princípio, uma vez que esse se propõe a descrever direitos individuais, enquanto aquela busca estabelecer objetivos coletivos, sendo proposições que descrevem objetivos a serem alcançados pelo Estado. Nas suas palavras: "*Los argumentos de principio se proponen establecer um derecho individual; los argumentos políticos se proponen establecer um objetivo colectivo. Los principios son proposiciones que describen derechos; las políticas son proposiciones que describen objetivos*".[160]

As políticas públicas, como programas de ação governamental, criam obrigações para os administradores no sentido de implementar as suas etapas em tempo adequado. A jurisprudência do Supremo Tribunal Federal já firmou o entendimento de que o controle judicial em matéria de políticas públicas é admitido e, mais que isso, necessário, diante de quadros de eternização ilícita das etapas de implementação dos planos constitucionais ou, ainda, em face de violação sistêmica dos direitos fundamentais, uma vez que o princípio da separação dos Poderes não pode ser interpretado como mecanismo impeditivo da eficácia das normas constitucionais, sem que isso implique violação ao princípio da separação de poderes, sob pena de transformar os programas da Carta Maior em meras promessas.[161]

A propósito, o seguinte precedente do Supremo Tribunal Federal,[162] no sentido de que ser lícito ao Poder Judiciário, em face do

---

[159] BUCCI, Maria Paula Dallari. *O conceito de política pública em direito*. Disponível em: https://edisciplinas.usp.br/pluginfile.php/5066888/mod_resource/content/1/BUCCI_Maria_Paula_Dallari._O_conceito_de_politica_publica_em_direito.pdf. Acesso em: 20 ago. 2022.

[160] DWORKIN, Ronald. *Los derechos en serio*. Traducción de Marta Guastavino. 2. ed. Barcelona: Ariel Derecho, 1989. p. 158 e ss.

[161] Supremo Tribunal Federal (STF). *ADPF nº 347 MC*, Relator Min. MARCO AURÉLIO, Tribunal Pleno, julgado em 09.09.2015, DJe 19.02.2016.

[162] Supremo Tribunal Federal (STF). *AGRG no AI nº 739.151*, Primeira Turma, relatora a Ministra Rosa Weber, julgado em 27.05.2014, publicado no DOU de 11.06.2014.

princípio da supremacia da Constituição, em situações excepcionais, determinar ao Poder Executivo que tome medidas assecuratórias das políticas públicas relativas a direitos fundamentais:

> EMENTA DIREITO CONSTITUCIONAL. AÇÃO CIVIL PÚBLICA. DEFENSORIA PÚBLICA. AMPLIAÇÃO DA ATUAÇÃO. OMISSÃO DO ESTADO QUE FRUSTA DIREITOS FUNDAMENTAIS. IMPLEMENTAÇÃO DE POLÍTICAS PÚBLICAS. CONTROLE JURISDICIONAL. POSSIBILIDADE. PRINCÍPIO DA SEPARAÇÃO DOS PODERES. OFENSA NÃO CONFIGURADA. ACÓRDÃO RECORRIDO PUBLICADO EM 22.10.2007. Emerge do acórdão que ensejou o manejo do recurso extraordinário que o Tribunal a quo manteve a sentença que condenou o Estado a designar um defensor público para prestar serviços de assistência jurídica gratuita aos hipossuficientes da Comarca de Demerval Lobão consoante os arts. 5º, LXXIV, 127, caput, 129, III e IX e 134 da Constituição Federal. No caso de descumprimento da obrigação, fixou multa diária. O acórdão recorrido não divergiu da jurisprudência da Suprema Corte no sentido de que é lícito ao Poder Judiciário, em face do princípio da supremacia da Constituição, em situações excepcionais, determinar que a Administração Pública adote medidas assecuratórias de direitos constitucionalmente reconhecidos como essenciais, sem que isso configure violação do princípio da separação dos Poderes. Precedentes. O exame da legalidade dos atos administrativos pelo Poder Judiciário não ofende o princípio da separação dos Poderes. Precedentes. Agravo regimental conhecido e não provido.

Traçado o conceito, as características e a jurisdicionalização das políticas públicas, observa-se que, no nosso país, a sua instituição e implementação no combate aos cibercrimes, em especial os financeiros, é questão de urgência, conforme análise de especialistas da área de segurança pública ouvidos em audiência pública da Comissão de Ciência e Tecnologia do Senado Federal, ocorrida em dezembro de 2021.[163]

Naquela audiência, foi detalhado que o Brasil se tornou um dos maiores alvos dos cibercriminosos, tendo em vista o crescente aumento de ataques de *hackers* a órgãos públicos e o vazamento de dados de milhões de brasileiros, o que se justifica em razão da ausência de políticas públicas mais efetivas e principalmente da inexistência de uma legislação mais aperfeiçoada para tipificar tais crimes, a despeito

---

[163] BRASIL. SENADO FEDERAL. Combate ao cibercrime é urgente, afirmam especialistas na CCT. *Senado Notícias*, 15 dez. 2021. Disponível em: https://www12.senado.leg.br/noticias/materias/2021/12/15/combate-ao-cibercrime-e-urgente-afirmam-especialistas-na-cct. Acesso em: 22 maio 2022.

da promulgação da Lei de Proteção de Dados (Lei nº 13.709, de 14 de agosto de 2018,[164] parcialmente alterada pela Lei nº 13.853, de 08 de julho de 2019).

A PSafe, empresa brasileira líder de cibersegurança na América Latina e que presta serviços no Brasil e nos Estados Unidos,[165] também ouvida na audiência pública do Senado Federal acima referida, apresentou dados objetivos no sentido de que a pandemia da Covid-19 praticamente dobrou o número de ataques cibernéticos no mundo, tendo ocorrido o vazamento de dados de mais de duzentos e vinte milhões de brasileiros, vivos ou falecidos:

> Emilio Simoni, executivo-chefe de segurança da PSafe, empresa de cibersegurança, apresentou números que dão uma ideia da extensão do problema: no último ano, provavelmente em razão da pandemia da covid-19, que levou mais pessoas a trabalhar em casa, houve um crescimento de 97% dos ataques cibernéticos, em relação a 2020. A cada 11 segundos, explicou, ocorre um ataque no mundo.
> Graças a seus pesquisadores infiltrados entre os cibercriminosos, a Psafe foi responsável pela detecção do vazamento de dados de mais de 220 milhões de brasileiros, vivos ou falecidos, descoberto em janeiro. Esses pesquisadores se fizeram passar por interessados na compra do banco de dados ilegal e alertaram as autoridades.[166]

Desse modo, torna-se imperativo ao país a formulação de políticas públicas mais específicas de combate aos cibercrimes, considerados por especialistas como um problema real no Brasil, especialmente no tocante aos crimes praticados contra o Sistema Financeiro Nacional.

A propósito, citamos reportagem de veículo de comunicação estrangeiro de reconhecimento mundial, que no ano de 2015 já alertava para o problema dos cibercrimes no Brasil e para a falta de atenção de nossas autoridades para o assunto:

> O Brasil está no epicentro de uma onde global de crime cibernético, ou cibercrime. O país está em segundo lugar na classificação mundial de fraudes bancárias online e malware financeiro, e o problema continua a

---

[164] BRASIL. *Lei nº 13.709, de 14 de agosto de 2018*. Lei Geral de Proteção de Dados Pessoais (LGPD). Secretaria-Geral, DF, 14 ago. 2018. Disponível em: http://www.planalto.gov.br/ccivil_03/_ato2015-2018/2018/lei/l13709.htm. Acesso em: 22 ago. 2022.

[165] *PSafe*. In: WIKIPEDIA: a enciclopédia livre. Disponível em: https://pt.wikipedia.org/wiki/PSafe. Acesso em: 23 maio 2022.

[166] BRASIL. SENADO FEDERAL. *Op. Cit.*

se agravar. Segundo fontes oficiais, o número de ataques cibernéticos no país cresceu em 197% em 2014 e as fraudes bancárias online cresceram 40% ao longo do último ano.

Todavia, grande parte da população brasileira ainda ignora a escala do problema. Os formuladores de políticas públicas começam só agora a reagir às ameaças, mas apenas de forma fragmentada. Para combater o crime cibernético de maneira eficaz, o Brasil necessita ampliar a discussão pública sobre o tema. Os legisladores, as agências de segurança, as empresas, as organizações da sociedade civil e os cidadãos precisam levar a questão muito mais a sério.[167]

No mesmo sentido, pesquisadores do FMI (Fundo Monetário Nacional) qualificam os cibercrimes como "nova ameaça à estabilidade financeira" mundial e, especialmente para os países em desenvolvimento, como o Brasil, recomendam o apoio dos organismos de cooperação internacional, como o Conselho de Estabilidade Financeira, o Comitê de Pagamentos e Infraestrutura de Mercado e o Comitê da Basiléia:

> O número de ciberataques triplicou na última década à medida que nos tornamos cada vez mais dependentes dos serviços financeiros digitais, que continuam a ser o setor mais visado. Claramente, a cibersegurança tornou-se uma ameaça à estabilidade financeira.
>
> Em vista das profundas interconexões financeiras e tecnológicas, um ataque certeiro a uma grande instituição financeira ou a um sistema ou serviço central muito utilizado poderia espalhar-se rapidamente por todo o sistema financeiro, acarretando uma perturbação generalizada e perda de confiança. As transações não seriam concluídas se a liquidez fosse bloqueada, famílias e empresas poderiam deixar de ter acesso a depósitos e pagamentos. Em cenários extremos, investidores e correntistas exigiriam seus recursos ou tentariam cancelar suas contas ou outros serviços e produtos que usam regularmente.
>
> (...)
>
> A regulamentação e a supervisão mais harmônicas no plano internacional irão reduzir os custos de conformidade e criar uma plataforma para o reforço da cooperação transfronteiriça. Organismos internacionais como o Conselho de Estabilidade Financeira, o Comitê de Pagamentos e Infraestrutura de Mercado e o Comitê da Basileia, começaram a fortalecer a coordenação e promover a convergência. As autoridades nacionais precisam trabalhar em conjunto na implementação.

---

[167] MUGGAH, Robert. O problema do cibercrime no Brasil: está na hora de os legisladores brasileiros começaram a levar a sério o crime cibernético. *Jornal El País*, 22 out. 2015. Disponível em: https://brasil.elpais.com/brasil/2015/10/23/opinion/1445558339_082466.html. Acesso em: 10 ago. 2022.

Como os ciberataques são cada vez mais comuns, o sistema financeiro precisa ser capaz de reiniciar suas operações rapidamente, mesmo diante de um ataque certeiro, a fim de preservar a estabilidade. As chamadas estratégias de resposta e recuperação ainda são incipientes, sobretudo nos países de baixa renda, que precisam de apoio para desenvolvê-las. São necessários mecanismos internacionais para apoiar a resposta e a recuperação em instituições e serviços transfronteiriços.[168]

De forma elucidativa, a doutrina de Woloszyn sugere, como alternativas ao nosso país, ao invés da mera resposta "salvadora" da legislação, a adoção de políticas públicas de educação digital, somada a investimentos em pesquisa e desenvolvimento de uma tecnologia cibernética nacional que forneça suporte técnico à legislação de combate aos crimes cibernéticos:

> Diante desse contexto, o Brasil apela, tradicionalmente, para a legislação como resposta salvadora para o caos informático estabelecido. Contudo, tal iniciativa não apresenta probabilidade de sucesso na redução das ações de ciberespionagem, uma vez que não pode, de forma exclusiva, responder por problemas infraestruturais e culturais sem que existam políticas públicas para o setor. E, em especial, devido a legislação brasileira não possuir poder de judicialização internacional.
> (...)
> Resta a países como o Brasil a adoção de políticas públicas de incremento à pesquisa e desenvolvimento de uma tecnologia cibernética nacional, além da formação de quadros especializados que deem suporte técnico à legislação de combate a crimes cibernéticos, permitindo, assim, a responsabilização penal da ciberespionagem quando praticada dentro dos limites territoriais brasileiros. A priori, esse tipo de delito só poderá ser combatido com a evolução da inteligência cibernética, e esse ponto é crucial para os países considerados em desenvolvimento, na busca de condições técnicas e legais para enfrentar as dinâmicas complexas e variadas trazidas pelas ameaças digitais.[169]

---

[168] ELLIOTT, Jennifer; JENKINSON, Nigel. O risco cibernético é a nova ameaça à estabilidade financeira. *IMF Blog*, 07 dez. 2020. Disponível em: https://www.imf.org/pt/News/Articles/2020/12/07/blog-cyber-risk-is-the-new-threat-to-financial-stability. Acesso em: 20 ago. 2022.

[169] WOLOSZYN, André Luís. Ciberespionagem: entraves na apuração de provas e responsabilização penal. Crimes cibernéticos; 2ª Câmara de Coordenação e Revisão, Criminal. *Revista do Ministério Público Federal (MPF)*, Brasília, Coletânea de artigos, v. 3, p. 134/135, 2018. 275p. Disponível em: https://memorial.mpf.mp.br/nacional/vitrine-virtual/publicacoes/crimes-ciberneticos-coletanea-de-artigos. Acesso em: 22 ago. 2022.

Desse modo, para além da criação de diplomas legislativos e da firmação de acordos internacionais, os formuladores de políticas públicas de todos os países, incluindo o Brasil, devem se atentar para o combate aos crimes cibernéticos como uma questão prioritária, ampliando a discussão pública sobre o assunto, com participação das empresas, da sociedade civil e de toda a população em geral, uma vez que acreditamos que a institucionalização de políticas públicas consiste em ferramenta preventiva e potencialmente eficaz contra a prática de crimes cibernéticos.

3.3 A posição do Brasil: previsão legislativa e alguns exemplos de políticas públicas atualmente adotadas pelo nosso país no combate aos crimes cibernéticos

As diretrizes gerais das políticas públicas contra os cibercrimes no âmbito federal estão instituídas no Decreto nº 10.222, de 05 de fevereiro de 2020,[170] que aprovou a Estratégia Nacional de Segurança Cibernética (E-Ciber) no nosso país, buscando dar orientação à sociedade brasileira sobre as principais ações por ele pretendidas em termos de políticas públicas, no âmbito nacional e internacional, na área da segurança cibernética, com validade no quadriênio de 2020 a 2023.

O Decreto nº 10.222/2020 decorreu de outro decreto presidencial, de número 9.637, de 26 de dezembro de 2018,[171] que instituiu a Política Nacional de Segurança da Informação (PNSI), no qual estão previstos os princípios, os objetivos, os instrumentos, as atribuições e as competências de segurança da informação para os órgãos e entidades da Administração Pública federal, prevendo, para sua implementação, a elaboração da Estratégia Nacional de Segurança da Informação e dos Planos Nacionais, a ser construída em módulos, a fim de contemplar a

---

[170] BRASIL. GOVERNO FEDERAL. *Decreto nº 10.222, de 05 de fevereiro de 2020*. Aprova a Estratégia Nacional de Segurança Cibernética. Diário Oficial da União, DF, 06 fev. 2020. Disponível em: https://www.in.gov.br/en/web/dou/-/decreto-n-10.222-de-5-de-fevereiro-de-2020-241828419. Acesso em: 20 ago. 2022.

[171] BRASIL. GOVERNO FEDERAL. *Decreto nº 9.637, de 26 de dezembro de 2018*. Institui a Política Nacional de Segurança da Informação, dispõe sobre a governança da segurança da informação, e altera o Decreto nº 2.295, de 04 de agosto de 1997, que regulamenta o disposto no art. 24, caput, inciso IX, da Lei nº 8.666, de 21 de junho de 1993, e dispõe sobre a dispensa de licitação nos casos que possam comprometer a segurança nacional. Diário Oficial da União. Disponível em: https://www.in.gov.br/materia/-/asset_publisher/Kujrw0TZC2Mb/content/id/56970098/do1-2018-12-27-decreto-n-9-637-de-26-de-dezembro-de-2018-56969938. Acesso em: 20 ago. 2022.

segurança cibernética, a defesa cibernética, a segurança das infraestruturas críticas, a segurança da informação sigilosa e a proteção contra vazamento de dados.

Segundo o art. 2º do Decreto nº 9.637, de 2018, a Segurança da Informação abrange a segurança cibernética, a defesa cibernética, a segurança física e a proteção de dados organizacionais, e tem como princípios fundamentais a confidencialidade, a integridade, a disponibilidade e a autenticidade.

Atendendo ao disposto na Política Nacional de Segurança da Informação, o governo federal escolheu a Segurança Cibernética como a área mais urgente a ser atendida, tendo o Gabinete de Segurança Institucional da Presidência da República implementado a Estratégia Nacional de Segurança Cibernética – E-Ciber como primeiro módulo da Estratégia Nacional de Segurança da Informação.

Assim, o Decreto nº 10.222/2020 estabeleceu como um de seus principais objetivos preencher importante lacuna normativa no que tange à segurança cibernética no país, determinando aos governos, de forma cooperativa e em âmbito nacional, a promoção de políticas públicas que garantam a autenticidade dos dados e a criação de mecanismos para a proteção da legitimidade contra sua alteração ou eliminação não autorizada, conforme extrai-se do seguinte trecho de sua introdução:

> Entende-se que os recursos tecnológicos empregados na segurança sistêmica devem apoiar políticas que garantam os princípios fundamentais da autenticidade e da integridade dos dados, e prover mecanismos para proteção da legitimidade contra sua alteração ou eliminação não autorizada. Do mesmo modo, as informações coletadas, processadas e armazenadas na infraestrutura de tecnologia da informação e comunicação devem ser acessíveis apenas a pessoas, a processos ou a entidades autorizadas, a fim de garantir a confidencialidade das informações. Adicionalmente, os recursos de tecnologia da informação e comunicação devem prover disponibilidade permanente e apoiar de forma contínua todos os acessos autorizados.
>
> A E-Ciber, além de preencher importante lacuna no arcabouço normativo nacional sobre segurança cibernética, estabelece ações com vistas a modificar, de forma cooperativa e em âmbito nacional, características que refletem o posicionamento de instituições e de indivíduos sobre o assunto. Em primeiro lugar, verifica-se que há boas iniciativas gerenciais nessa área, entretanto, mostram-se fragmentadas e pontuais, o que dificulta a convergência de esforços no setor. Em segundo, nota-se a falta de um alinhamento normativo, estratégico e operacional, o que frequentemente gera retrabalho ou resulta na constituição de forças-tarefas para ações pontuais, que prejudicam a absorção de lições aprendidas

e colocam em risco a eficácia prolongada dessas ações. Em terceiro, vê-se a existência de diferentes níveis de maturidade da sociedade em segurança cibernética, o que resulta em percepções variadas sobre a real importância do tema.[172]

Referido decreto de 2020 ainda estabeleceu *ações estratégicas*, tais como o fortalecimento das ações de governança cibernética, o estabelecimento de um modelo centralizado de governança no âmbito nacional, a promoção de um ambiente participativo, colaborativo, confiável e seguro, entre setor público, setor privado e sociedade, a elevação do nível de proteção do Governo e de proteção das Infraestruturas Críticas Nacionais, o aprimoramento do arcabouço legal sobre segurança cibernética, o incentivo à concepção de soluções inovadoras em segurança cibernética, a ampliação da cooperação internacional do Brasil em Segurança cibernética e da parceria, em segurança cibernética, entre setor público, setor privado, academia e sociedade e a elevação do nível de maturidade da sociedade em segurança cibernética.[173]

No que tange ao *diagnóstico* do Brasil em matéria de segurança cibernética, o Decreto nº 10.222/2020 apurou e concluiu que o risco para a economia brasileira gerado pela invasão em computadores e pela disseminação de códigos maliciosos praticados pelo cibercrime organizado já é uma realidade perante o mundo, de acordo com os seguintes dados:

- O Brasil ocupa o 66º lugar no ranking da Organização das Nações Unidas – ONU de tecnologia da informação e comunicação;
- Apenas 11% dos órgãos federais têm bom nível em governança de TI;
- O Brasil ocupa o 70º lugar no Global Security Index, da UIT;
- 74,9% dos domicílios (116 milhões de pessoas) com acesso à internet;
- 98% das empresas utilizam a internet;
- 100% dos órgãos federais e estaduais utilizam a internet;
- Em 2017, foram 70.400.000 vítimas de crimes cibernéticos;
- Em 2018, 89% dos executivos foram vítimas de fraudes cibernéticas;
- As questões de segurança desestimulam o comércio eletrônico;

---

[172] BRASIL. GOVERNO FEDERAL. *Decreto nº 10.222, de 5 de fevereiro de 2020*. Op. cit.
[173] BRASIL. GOVERNO FEDERAL. *Decreto nº 10.222, de 5 de fevereiro de 2020*. Op. cit.

- Em 2017, os crimes cibernéticos resultaram em US$22.500.000.000,00 (vinte e dois bilhões e quinhentos milhões de dólares) de prejuízo; e
- O Brasil é o 2º com maior prejuízo com ataques cibernéticos.

Em decorrência dos decretos enunciados nos parágrafos anteriores e dentre as políticas públicas de combate aos cibercrimes financeiros com criptoativos, podemos destacar a medida publicada no dia 23 de março de 2022, por meio do Ministério da Justiça e Segurança Pública, que instituiu o chamado *Plano Tático de Combate a Crimes Cibernéticos*,[174] política governamental criada com o objetivo de prevenir e reprimir esse tipo de crime no país, fazendo parte dos instrumentos de orientação decorrentes da Convenção de Budapeste.

Nesse novo plano, originado da Portaria Ministerial nº 499/2021, que instituiu o Grupo de Trabalho para estudo, proposição e implementação do Plano Tático de Combate a Crimes Cibernéticos (GT-Ciber), estão previstas diversas providências, tais como:

a) acordo de cooperação entre a Polícia Federal e a Federação Brasileira de Bancos (FEBRABAN), que facilitará o compartilhamento de informações entre esses órgãos;
b) criação de um banco de dados de ocorrências, que terá o amplo acesso das polícias judiciárias da União e dos Estados, aumentando a eficiência dos modelos de investigações e solução dos crimes;
c) criação de um programa de prevenção a fraudes bancárias eletrônicas, golpes digitais e a capacitação de agentes de segurança; e
d) implementação de uma estrutura integrada com a participação de forças de segurança federais e estaduais, entidades públicas e privadas, nacionais e internacionais, e especialistas na temática que, juntos, atuarão no enfrentamento às organizações criminosas que praticam os crimes digitais.

As políticas supradestacadas objetivam, em síntese, tornar o Brasil mais próspero e confiável no ambiente digital; aumentar a resiliência brasileira às ameaças cibernéticas; e fortalecer a atuação brasileira em segurança cibernética no cenário internacional.

---

[174] BRASIL. GOVERNO FEDERAL. Segurança Pública: Governo Federal lança Plano Tático de combate a crimes cibernéticos. *Portal GOV*, 23 mar. 2022. Disponível em: https://www.gov.br/pt-br/noticias/justica-e-seguranca/2022/03/governo-federal-lanca-plano-tatico-de-combate-a-crimes-ciberneticos. Acesso em: 30 mar. 2022.

Em 28 de junho de 2022, com o objetivo de intensificar a repressão aos crimes cibernéticos, a Polícia Federal brasileira inaugurou a Unidade Especial de Investigação de Crimes Cibernéticos (UEICC), uma parceria público/privada proposta pelo Ministério da Justiça e Segurança Pública (MJSP), com o apoio da Federação Brasileira de Bancos (Febraban), para promover a troca de informações em busca de resoluções mais rápidas e prevenção contra crimes cibernéticos.[175]

Além do governo e das instituições federais, as políticas públicas de combate aos crimes com cibernéticos também vem sendo criadas no âmbito dos Estados, a exemplo da Bahia, que estabeleceu, no âmbito do seu Ministério Público estadual, o "Núcleo de combate aos crimes cibernéticos", criado ante a necessidade de se adequar o desempenho ministerial diante das especificidades da matéria e da inexistência de organismos ministeriais no Estado da Bahia próprios para a capacitação no combate a ilícitos praticados no meio cibernético, delitos esses com forte tendência de crescimento no mundo, mas com incipiente expertise no seu enfrentamento pelo aparelho estatal local.[176]

Dessa forma, o Núcleo de Combate aos Crimes Cibernéticos do Ministério Público do Estado da Bahia foi criado com o objetivo principal de oferecer treinamentos, cursos, seminários e oficinas, com vistas a proporcionar o intercâmbio de conhecimentos e discutir questões atinentes às suas atribuições e competências, auxiliando na incorporação de uma cultura de enfrentamento de delitos virtuais e passando a ser entendido não apenas como um mero Núcleo de auxílio a membros na persecução penal, capacitação e orientação de promotores e procuradores, mas como um projeto com olhar para o futuro, atuante na prevenção do usuário dos dispositivos informáticos.

Em Belém, capital do Estado do Pará, o Centro de Apoio Operacional de Políticas Criminais, Execução Penal e Controle Externo da Atividade Policial (CAOCRIM) realizou, em novembro de 2021, um curso de investigação de crimes cibernéticos para membros e servidores do Ministério do Estado do Pará, em parceria com o Centro de Estudos

---

[175] BRASIL. MINISTÉRIO DA JUSTIÇA. Polícia Federal cria unidade especial para intensificar a repressão a crimes cibernéticos. *Portal GOV*, 28 jun. 2022. Disponível em: https://www.gov.br/mj/pt-br/assuntos/noticias/policia-federal-cria-unidade-especial-para-intensificar-a-repressao-a-crimes-ciberneticos. Acesso em: 23 ago. 2022.

[176] PATURY, Fabricio Rabelo; SALGADO, Fernanda Veloso. *A Política Criminal do Núcleo de Combate aos Crimes Cibernéticos do Ministério Público do Estado da Bahia no enfrentamento aos ilícitos cometidos no âmbito digital*. Disponível em: https://www.mpba.mp.br/sites/default/files/biblioteca/criminal/artigos/diversos/a_politica_criminal_do_nucleo_de_combate_aos_crimes_ciberneticos_do_ministerio_publico_do_estado_da_bahia._-_fabricio_rabelo_patury_e_fernanda_veloso_salgado.pdf?download=1. Acesso em: 23 ago. 2022.

e Aperfeiçoamento Funcional (CEAF/MPPA) e a Academia de Polícia Civil do Estado do Pará (Acadepol).

Referido curso foi realizado com o objetivo de capacitar membros e servidores do MPPA, para o combate de crimes cibernéticos, e teve uma abordagem prática e instrumentada em sistema de informação e de acesso a dados restritos a quem possui atribuição direta no combate aos crimes praticados por meio de computadores, de redes de computadores ou dispositivos eletrônicos conectados à internet.[177]

Recentemente, em maio de 2022,[178] equipe formada por agentes do FBI, da CIA, da central de inteligência, ICHIP e *Homeland Security Investigations* dos Estados Unidos estiveram no Brasil para treinar 80 agentes das forças de segurança brasileiras sobre crimes digitais e fraudes com criptomoedas, promovendo o evento *Conferência de Investigação e Prospecção de Crimes Cibernéticos e Identificação, Avaliação e Prevenção de Atos de Violência*, realizado no Rio de Janeiro (RJ) e em Porto Alegre (RS).

Naquela oportunidade, os órgãos de inteligência norte-americanos trouxeram aos agentes brasileiros sua experiência no combate de crimes cometidos com criptomoedas e outros crimes cibernéticos, bem como demonstraram suas técnicas de entrevistas e de interrogatórios e discorreram sobre as ferramentas disponíveis no Brasil para investigar esses crimes, rastrear e comprovar a autoria e ainda captar dados e encontrar a autoria e as provas que permitam o prosseguimento do processo judicial.

Apesar de os esforços governamentais com a criação de diversas políticas públicas, de acordo com dados do Mapa de Segurança Global (*Global Security Map*), projeto da organização independente *CyberDefcon*, o Brasil ainda aparece na 25ª colocação em segurança cibernética, em ranking que envolve 219 países, sendo ultrapassado, por exemplo, por Rússia, Japão, Vietnam, Paquistão e Índia (dados atualizados até 23 de agosto de 2022).[179]

---

[177] MINISTÉRIO PÚBLICO DO PARÁ. CAO de Políticas Criminais realiza curso de investigação de crimes cibernéticos, em parceria com Acadepol e CEAF. *MPPA – Ministério Publico do Estado do Pará*, 01 dez. 2021. Disponível em: https://www2.mppa.mp.br/noticias/cao-de-politicas-criminais-realiza-curso-de-investigacao-de-crimes-ciberneticos-em-parceria-com-acadepol-e-ceaf.htm. Acesso em: 23 ago. 2022.

[178] LARGHI, Nathália. Brasileiros são treinados por FBI e CIA para combater crimes cibernéticos e de criptomoedas. *Valorinvest (Globo)*, 24 maio 2022. Disponível em: https://valorinveste.globo.com/mercados/brasil-e-politica/noticia/2022/05/24/brasileiros-sao-treinados-por-fbi-e-cia-para-combater-crimes-ciberneticos-e-de-criptomoedas.ghtml. Acesso em: 23 ago. 2022.

[179] Ranking disponível em: https://globalsecuritymap.com/. Acesso em: 23 ago. 2022.

CIBERCRIMES FINANCEIROS: PRINCIPAIS CRÍTICAS AO NOVO MARCO REGULATÓRIO DOS CRIPTOATIVOS

4.1 A competência da Segurança Pública, do Ministério Público e do Poder Judiciário na investigação, no processo e no julgamento dos cibercrimes financeiros envolvendo criptoativos

Conforme expusemos anteriormente, a República Federativa do Brasil se constitui em Estado Democrático de Direito e o princípio da separação de poderes, que teve o seu auge na Revolução Francesa de 1789, não é estanque, ou seja, o poder é um só, dividido em funções, que devem conviver em harmonia, evitando-se a prática de abusos por qualquer uma delas. Conforme previsto no art. 1º, parágrafo único, da Constituição Federal de 1988: "Todo o poder emana do povo, que o exerce por meio de representantes eleitos ou diretamente, nos termos desta Constituição".

Em repúblicas democráticas, tal como o Brasil, vigora o sistema de freios e contrapesos, no qual as diferentes funções exercidas pelo Estado necessitam de regulação, ou seja, há o controle do poder pelo próprio poder.

Por consectário, todas as funções componentes do poder são passíveis de controle, tanto externo quanto interno, para evitar-se o abuso de suas prerrogativas legais. Entretanto, referido controle encontra limites, não devendo ser realizado de forma a neutralizar a função controlada.

Nesse contexto, surge o papel dos órgãos de Segurança Pública e do Ministério Público no combate aos cibercrimes financeiros com criptoativos.

A Segurança Pública possui assento constitucional no artigo 144 e seguintes, sendo importante destacar os seguintes excertos do texto magno:

> Art. 144 da CF: A segurança pública, dever do Estado, direito e responsabilidade de todos, é exercida para a preservação da ordem pública e da incolumidade das pessoas e do patrimônio, através dos seguintes órgãos (...).
> §1º A polícia federal, instituída por lei como órgão permanente, organizado e mantido pela União e estruturado em carreira, destina-se a:
> I – apurar infrações penais contra a ordem política e social ou em detrimento de bens, serviços e interesses da União ou de suas entidades autárquicas e empresas públicas, assim como outras infrações cuja prática tenha repercussão interestadual ou internacional e exija repressão uniforme, segundo se dispuser em lei;
> (...)
> §4º Às polícias civis, dirigidas por delegados de polícia de carreira, incumbem, ressalvada a competência da União, as funções de polícia judiciária e a apuração de infrações penais, exceto as militares.
> (...)
> §7º A lei disciplinará a organização e o funcionamento dos órgãos responsáveis pela segurança pública, de maneira a garantir a eficiência de suas atividades.

A Polícia Federal tem sua estrutura prevista no Decreto federal nº 73.332, de 19 de dezembro de 1973, estabelecendo no artigo 1º, incisos e alíneas, as suas competências para, dentre outros, prevenir e reprimir os crimes contra a segurança nacional e a ordem pública social (art. 1º, I, "a"), e outras infrações penais em detrimento de bens, serviços e interesses da União ou de suas entidades autárquicas ou empresas públicas, assim como aquelas cuja prática tenha repercussão interestadual e exija repressão uniforme, segundo se dispuser em lei (art. 1º, I, "i").

Do texto constitucional, extraímos que a Segurança Pública, no que tange aos crimes praticados com criptoativos, é exercida pela polícia federal na União e pelas polícias civis no âmbito dos Estados-membros.

Em uma primeira leitura, o art. 144, §1º, I, da Constituição Federal e o art. 1º, IV, "i", do Decreto nº 73.332, de 19 de dezembro de 1973, poderiam levar à interpretação de que a apuração dos cibercrimes seria exclusiva da Polícia Federal, bem como que a competência para o seu julgamento seria apenas da Justiça Federal, por envolver infrações cuja prática tenha repercussão interestadual ou internacional e exija repressão uniforme.

Todavia, comando constitucional e o decreto exigem, para atrair a competência da Justiça Federal e da Polícia Federal, que o delito de repercussão interestadual ou internacional seja regulado expressamente por lei, de acordo com a expressão "segundo se dispuser em lei".

Por esse motivo, o Superior Tribunal de Justiça, por intermédio da sua Terceira Seção, nos autos do Conflito de Competência 161.123[180] (relator o Ministro Sebastião Reis Júnior, data do julgamento: 28.11.2018), definiu que a operação envolvendo compra ou venda de criptomoedas não encontra regulação no ordenamento jurídico brasileiro, e por esse motivo deve ser julgada pela Justiça Comum estadual, o que atrai a atuação da Polícia Civil (excetuados os crimes militares).

Segundo o julgado supracitado, como as moedas virtuais não são caracterizadas como moedas de curso legal pelo Banco Central do Brasil, tampouco são consideradas valores mobiliários pela Comissão de Valores Mobiliários (CVM), não seria possível enquadrar a negociação, por si só, nos crimes tipificados nos artigos 7º, II, e 11 da Lei nº 7.492/1986 (crimes contra o sistema financeiro nacional), ou no delito previsto no artigo 27-E da Lei nº 6.385/1976 (crimes contra o mercado de valores mobiliários). Esse julgado foi objeto do informativo 673 do Superior Tribunal de Justiça (Processo Penal).

Todavia, em julgamento ocorrido em 2020, a Sexta Turma do Superior Tribunal de Justiça, no julgamento do *Habeas Corpus* nº 530.563, reconheceu a competência da Justiça Federal para julgar um caso relacionado à captação de dinheiro para especulação com *bitcoins*, mediante a oferta pública de contrato coletivo de investimento sem prévio registro de emissão na Comissão de Valores Mobiliários (CVM).

O órgão colegiado, ao apreciar aquele *Habeas Corpus*, inicialmente realizou o *distinguishing* (distinção) com a tese julgada no Conflito de Competência nº 161.123, fundamentando que a oferta pública de contrato coletivo de investimento consubstancia valor mobiliário, o que sujeita o caso às disposições da lei que define os crimes contra o sistema financeiro nacional (Lei nº 7.492/1986), tendo em vista que os contratos podem ser definidos como valores mobiliários (art. 2º, IX, da Lei nº 6.385/1976) e atrai a competência da Justiça Federal.

---

[180] SUPERIOR TRIBUNAL DE JUSTIÇA. *Conflito de Competência nº 161.123/SP*. 3ª Seção. Relator o Ministro Sebastião Reis Júnior. Data do julgamento: 28.11.2018. Disponível em: https://stj.jusbrasil.com.br/jurisprudencia/661801952/conflito-de-competencia-cc-161123-sp-2018-0248430-4/inteiro-teor-661801962. Acesso em: 23 ago. 2022.

O relator, também o Ministro Sebastião Reis Júnior, lembrou que tal interpretação guarda harmonia com o entendimento da Comissão de Valores Mobiliários, que, em situações análogas, nas quais há contrato de investimento (sem registro prévio) atrelado à especulação no mercado de criptomoedas, tem alertado no sentido da irregularidade da oferta, por se tratar de espécie de contrato de investimento coletivo.[181] Referido julgado foi objeto do informativo nº 667 do STJ (Processo Penal).

Portanto, de acordo com sobreditos julgados do Superior Tribunal de Justiça, ante a ausência de regulação legislativa plena do assunto, a competência para julgamento e apuração dos crimes envolvendo criptoativos será respectivamente da Justiça Federal e da Polícia Federal, quando envolver oferta pública coletiva de contratos de investimentos em criptomoedas – pois terá natureza jurídica de ativos mobiliários tutelados pela CVM –, e respectivamente da Justiça Estadual e da Polícia Civil, quando se tratar de mera operação de compra e venda.

Essa é a mesma posição de Cruz e Remor,[182] ao comentar os dois casos julgados pelo Superior Tribunal de Justiça, no sentido de que a definição da competência para apreciação dos crimes envolvendo criptomoedas depende da existência ou não de um valor mobiliário, ressalvada a opinião pessoal dos autores de que, em ambos casos apreciados pelo STJ, teriam havido contratos de investimento coletivo, atraindo a competência da Justiça Federal:

> Configurando-se o valor mobiliário, a competência será da Justiça federal. Não se tratando de um valor mobiliário, a competência será da Justiça estadual.
>
> Para que se configurem como valores mobiliários, é necessário que as criptomoedas ofereçam aos seus detentores o "direito de participação, de parceria ou de remuneração" previsto no artigo 2ª, IX, da Lei 6.385/1976. É necessário que esses direitos sejam originados diretamente da estrutura das criptomoedas. Caso a remuneração obtida pelos investidores se origine exclusivamente de sua valorização no mercado, como é o caso do *bitcoin*, ela não será considerada valor mobiliário.

---

[181] SUPERIOR TRIBUNAL DE JUSTIÇA. *HC nº 530.563/RS*. 6ª Turma. Relator o Ministro Sebastião Reis Júnior. Data do julgamento: 05.03.2020. Disponível em: https://processo.stj.jus.br/processo/revista/documento/mediado/?componente=ITA&sequencial=1919031&num_registro=201902596988&data=20200312&formato=PDF. Acesso em: 23 ago. 2022.

[182] CRUZ, André Santa; REMOR, Ivan Pereira. Crimes com criptomoedas: competência da Justiça estadual ou da Justiça federal? *Consultor Jurídico*, 07 ago. 2020. Disponível em: https://www.conjur.com.br/2020-ago-07/santa-cruz-remor-competencia-crimes-envolvendo-criptomoedas. Acesso em: 23 ago. 2022.

É possível, ainda, que operações envolvendo criptomoedas que não são valores mobiliários sejam enquadradas como um valor mobiliário, a depender da dinâmica de operação e da remuneração apresentada pelos ofertantes.

A análise dos acórdãos dos casos julgados pelo STJ (CC 161.123 e HC 530.563) leva a crer que em ambos os casos se estava diante de contratos de investimento coletivo, pois os dois casos tinham por objeto um investimento em *bitcoins* oferecido publicamente no mercado, em troca de uma remuneração variável, sendo que as operações de compra e venda eram feitas exclusivamente pelo ofertante. Portanto, ambos os casos seriam, no nosso entender, de competência da Justiça federal.

Por não ter sido objeto de apreciação dos dois julgados supracitados, entendemos que, quando o cibercrime envolvendo criptomoedas for praticado em face do Sistema Financeiro Nacional – previstos na Lei nº 7.492, de 16 de junho de 1986 –, ou envolver Estado estrangeiro, organismo internacional, violar tratados ou convenções internacionais, dentre outros, a competência para investigar, processar e julgar será, respectivamente, da Polícia Federal, do Ministério Público Federal e da Justiça Federal, ante o comando expresso do artigo 109, incisos, da Constituição Federal de 1988:

> Art. 109. Aos juízes federais compete processar e julgar:
> I – as causas em que a União, entidade autárquica ou empresa pública federal forem interessadas na condição de autoras, rés, assistentes ou oponentes, exceto as de falência, as de acidentes de trabalho e as sujeitas à Justiça Eleitoral e à Justiça do Trabalho;
> II – as causas entre Estado estrangeiro ou organismo internacional e Município ou pessoa domiciliada ou residente no País;
> III – as causas fundadas em tratado ou contrato da União com Estado estrangeiro ou organismo internacional;
> (...)
> V – os crimes previstos em tratado ou convenção internacional, quando, iniciada a execução no País, o resultado tenha ou devesse ter ocorrido no estrangeiro, ou reciprocamente;
> (...)
> VI – os crimes contra a organização do trabalho e, nos casos determinados por lei, contra o sistema financeiro e a ordem econômico-financeira (...).

Nesse mesmo sentido, a doutrina de Cavali,[183] para quem:

> Em síntese: compete à Justiça Federal o processo e julgamento dos delitos financeiros que não afetem bens, interesses e serviços federais, desde que haja previsão expressa nesse sentido, nos termos do inciso VI; também compete à Justiça Federal julgar os delitos financeiros que atingem bens, serviços e interesses federais, como prevê o inciso IV, bem como os delitos financeiros previstos em tratados internacionais, quando praticados à distância, consoante dispõe o inciso V, haja ou não disposição expressa a esse respeito.

O Ministério Público, por seu turno, é uma instituição permanente, essencial à função jurisdicional do Estado, cabendo-lhe as nobres atribuições de defesa de ordem jurídica, do regime democrático e dos interesses individuais indisponíveis, nos termos do artigo 127 e seguintes da Constituição Federal de 1988.

Conforme Garcia,[184] o dispositivo supracitado está inserido no capítulo IV da Constituição Federal brasileira, que trata acerca das funções essenciais à justiça, prevendo ainda o Ministério Público como instituição fundamentada nos princípios institucionais da unidade, da indivisibilidade e da independência funcional, o que significa que os membros do *parquet* estão subordinados ao Procurador-Geral, podendo se substituírem uns aos outros, desde que dentro da mesma função, e que o órgão tem plena autonomia no exercício de suas atividades.

A Lei Federal nº 1.341, de 20 de janeiro de 1951, consiste na Lei Orgânica do Ministério Público da União, que organiza e divide as atribuições entre os membros da carreira, estabelecendo, no artigo 38, I, a competência dos Procuradores da República (membros do Ministério Público Federal em primeiro grau de jurisdição), de intervirem nas ações de interesse da União, bem como requerer as diligências necessárias à sua defesa, o que inclui os cibercrimes com criptoativos praticados contra o Sistema Financeiro Nacional.

Nesse sentido, de acordo com o sítio do Ministério Público Federal na internet,[185] dentre as competências criminais do *parquet* federal, podemos citar:

---

[183] CAVALI, Marcelo Costenaro. *Op. cit.*, p. 274.
[184] GARCIA, Emerson. *Ministério Público*: Organização, Atribuições e Regime Jurídico. 6. ed. São Paulo: Saraiva, 2017. p. 12-13.
[185] UNIÃO. MINISTÉRIO PÚBLICO FEDERAL. *Perguntas Frequentes*. Disponível em: http://www.mpf.mp.br/servicos/sac/acesso-a-informacao/perguntas-frequentes/sobre-o-ministerio-publico-federal-mpf. Acesso em: 23 ago. 2022.

Na área criminal, cabe ao MPF promover a ação penal pública quando a competência para o julgamento é da Justiça Federal. A instituição atua de forma preventiva e repressiva nos casos de crimes contra a Administração Pública Federal (delitos que causem prejuízo aos bens, serviços ou interesses da União, de suas entidades autárquicas ou das empresas públicas), inclusive nos crimes praticados por servidor público federal, como estelionato, roubo, peculato, corrupção ativa ou passiva, concussão, tráfico de influência e emprego irregular de verba ou renda pública. Também são objeto da atuação do MPF crimes cometidos por meio da internet, como divulgação de pornografia infantil, racismo e fraudes bancárias.

Disso extrai-se que a atuação do Ministério Público Federal no combate aos cibercrimes com criptoativos não ocorre apenas em primeiro grau, mas também perante o Supremo Tribunal Federal, o Superior Tribunal de Justiça, o Tribunal Superior Eleitoral e os tribunais regionais federais, nos casos regulamentados pela Constituição e pelas leis federais.

Dentre as diversas operações deflagradas com sucesso pelo *parquet* federal, em conjunto com a Polícia Federal e outras autoridades de combate ao crime, podemos citar, exemplificativamente, a chamada *Operação Kryptus*,[186] deflagrada em agosto de 2021, que desarticulou uma organização criminosa responsável por fraudes bilionárias envolvendo esquemas de pirâmides financeiras com especulação no mercado de criptomoedas no Brasil e nos Estados Unidos, sendo resultado de uma investigação conjunta promovida pelo GAECO (Grupo de Atuação Especial de Combate ao Crime Organizado) do MPF do Rio de Janeiro, a Polícia Federal, a Receita Federal e a Interpol. O dinheiro até então arrecadado na operação (superior a cento e cinquenta milhões de reais), foi depositado em conta judicial, para destinação futura a ser decidida pela Justiça Federal:

> A Câmara Criminal do Ministério Público Federal (2CCR/MPF) – órgão superior vinculado à Procuradoria-Geral da República – concordou com a liquidação imediata dos criptoativos apreendidos durante a operação Kryptus, que desarticulou uma organização criminosa responsável por fraudes bilionárias envolvendo criptomoedas. O total apreendido,

---

[186] UNIÃO. MINISTÉRIO PÚBLICO FEDERAL. *Câmara Criminal do MPF aprova venda imediata de criptoativos apreendidos na Operação Kryptus e depósito em conta judicial.* 15 set. 2021. Disponível em: http://www.mpf.mp.br/pgr/noticias-pgr/camara-criminal-do-mpf-aprova-venda-imediata-de-criptoativos-apreendidos-na-operacao-kryptus-e-deposito-em-conta-judicial. Acesso em: 23 ago. 2022.

avaliado em cerca de R$150 milhões, deve ser depositado em uma conta judicial para destinação futura, a ser definida pela Justiça. O órgão superior do MPF decidiu ainda criar um grupo de trabalho para elaborar roteiros e manuais de atuação que auxiliem os procuradores em casos envolvendo moedas digitais. As deliberações ocorreram durante sessão de coordenação realizada na última segunda-feira (13).

Deflagrada em 25 de agosto, a Operação Kryptus é resultado de investigação conjunta promovida pelo Grupo de Atuação Especial de Combate ao Crime Organizado (Gaeco) do MPF no Rio de Janeiro, Polícia Federal e Receita Federal. De acordo com a apuração, a empresa GAS Consultoria e Tecnologia, com sede em Cabo Frio, na Região dos Lagos (RJ), operava um sistema de pirâmides financeiras, também chamado esquemas de Ponzi, envolvendo o mercado de moedas digitais. A empresa prometia aos clientes um retorno mensal de 10% sobre o valor investido em criptomoedas, mas sequer tinha registro junto aos órgãos regulatórios para fazer as transações prometidas.

No dia 11 de agosto de 2022, a Polícia Federal deflagrou a quarta fase daquela operação, com o cumprimento de diversos mandados de prisão em cidades do Estado do Rio de Janeiro.[187]

Outra operação notória envolvendo crimes com criptomoedas foi a denominada *Poyais*, cuja última fase realizada, até o fechamento da presente edição, foi deflagrada no mês de outubro de 2022, resultando na prisão preventiva do acusado, conhecido como "Sheik dos Bitcoins", em 03 de novembro de 2022, por supostamente chefiar uma organização criminosa especializada na lavagem de criptoativos em um esquema de pirâmide financeira.[188]

Pelo exposto, é assente a importância da compreensão dos papéis da Segurança Pública, do Ministério Público e do Poder Judiciário na atuação contra os cibercrimes financeiros envolvendo criptoativos.

---

[187] ABDALA, Vitor. PF faz nova operação contra fraude bilionária envolvendo o 'faraó dos bitcoins'. *Jornal Folha de São Paulo*, 11 ago. 2022. Disponível em: https://www1.folha.uol.com.br/mercado/2022/08/pf-faz-nova-operacao-contra-fraude-bilionaria-envolvendo-o-farao-dos-bitcoins.shtml. Acesso em: 22 ago. 2022.

[188] 'Sheik dos Bitcoins' é preso preventivamente em operação da Polícia Federal, em Curitiba. *Portal Globo (G1)*, 03 nov. 2022. Disponível em: https://g1.globo.com/pr/parana/noticia/2022/11/03/sheik-dos-bitcoins-e-preso-em-operacao-da-policia-federal-em-curitiba.ghtml. Acesso em: 05 nov. 2022.

4.2 A autorregulação do sistema e a ausência de controle centralizado das criptomoedas como fatores facilitadores da atuação dos cibercriminosos

Conforme visto em tópico anterior, as criptomoedas fazem parte de um sistema financeiro descentralizado, conhecido como DeFi (*descentralized finance*), que define o uso de tecnologias com algoritmos, permitindo o envio de dinheiro para qualquer lugar do mundo, além da realização de pagamentos e empréstimos de forma ágil e prática, mediante a intermediação das organizações descentralizadas (DOs).

De acordo com Lyra:[189]

> Criadas dentro de plataformas blockchain, as organizações descentralizadas (DOs) representam uma inovação nas estruturas organizacionais e possuem ênfase em regras e contratos computadorizados, estruturas verticalizadas, descentralizadas e criptoanárquicas (CHOHAN, 2017). Entende-se o conceito de anárquica em relação à ausência de hierarquia e centralizadores, junto ao conceito de Anarquia Ordenada de Buchanan (MONTARROYOS, 2006), não o uso pejorativo da ideologia de desordem e caos. No entanto, as estruturas e funções das DOs também levantam questões de governança que exigem atenção e práticas urgentes, particularmente porque DOs ainda são consideradas entidades um pouco diferentes de serem descritas, e o *status* legal exato do tipo organizacional da DO é ainda indeterminado (CHOHAN, 2017b).

Assim, esse sistema democrático, descentralizado e "anarquicamente" ordenado carece de um comando central regulatório, a exemplo do Banco Central e da Comissão de Valores Mobiliários, impactando diretamente na ação fiscalizatória das autoridades de todo o mundo.

À luz da teoria dos sistemas de Luhmann, presente em suas diversas obras,[190] vislumbramos que, aplicando tal teoria ao ambiente da autorregulação dos criptoativos, o ambiente *blockchain* possuiria autorreferibilidade, própria dos sistemas de autopoiese.

Lima e Febbrajo, profundos estudiosos de Luhmann, definem a autopoiése na comunicação luhmanniana como uma rede de produção de componentes e estruturas que, como emissora da própria

---

[189] LYRA, João Guilherme. *op. cit.* p. 20.
[190] LUHMANN, Niklas. *The autopoiesis of social systems*. Sociocybernetic paradoxes: observation, control and evolution of self-steering systems. *The unity of the legal systems*. Autopoietic law: a new approach to law and society. *Closure and openness: on reality in the world of law*. Autopoietic law: a new approach to law and society. p. 335-348.

comunicação, opera, por isso mesmo, de forma autorreferencial, implicando auto-organização, com elementos produzidos no mesmo sistema. Ainda segundo os autores em tela, os sistemas autopoiéticos são sistemas abertos ao futuro e teleológicos, tendo a possibilidade de projetar e de reclamar a própria finalidade, oferecendo ao direito maior adaptabilidade evolutiva numa sociedade que muda constantemente:

> Quaisquer das operações realizadas são coligadas às suas antecessoras e às que lhes sucedem. Então, no sistema econômico, pode-se encontrar uma diferenciação comunicativa ligada ao dinheiro, em que as suas comunicações somente serão produzidas neste sentido, daí o termo diferenciado. Neste processo de remeter o sistema a si mesmo pela comunicação, produzir-se-á a autopoiesis do sistema econômico: a economia produz economia. Nessas autorreferências, além do controle da produção, tem-se a condução dos seus elementos como algo gerador de unidade indisponível, levando os sistemas a se tornarem independentes, praticamente autossuficientes (...)
> A autopoiese foi utilizada no campo do direito pela teoria dos sistemas para resolver o fundamental problema de delimitar externamente um sistema nos confrontos do seu ambiente, sem excluir a própria capacidade de introduzir ao seu interno mudanças que assegurem a sua sobrevivência (...) o direito como organismo vivo é capaz de produzir-se e de sobreviver mudando a si mesmo de modo autônomo para ser sempre mais adaptado a desenvolver a própria tarefa numa sociedade que muda.[191]

No Brasil, essa teoria é adotada, dentre outros autores, por Celso Campilongo,[192] que também cita Maturana e Varela como precursores do conceito biológico de autopoiése, desenvolvido a partir da observação que os sistemas celulares, internamente, possuem todos os elementos necessários ao desenvolvimento de suas funções fundamentais:

> O neologismo, tão esotérico quanto as idéias de Luhmann, transporta para os sistemas sociais o conceito de autopiesis desenvolvido por Maturana e Varela para o exame dos sistemas biológicos. Esses sistemas

---

[191] FEBBRAJO, Alberto, LIMA, Fernando Rister de Sousa. *Autopoiese. Enciclopédia jurídica da PUC-SP*. Celso Fernandes Campilongo, Alvaro de Azevedo Gonzaga e André Luiz Freire (coords.). Tomo: Teoria Geral e Filosofia do Direito. Celso Fernandes Campilongo, Alvaro de Azevedo Gonzaga, André Luiz Freire (coord. de tomo). 1. ed. São Paulo: Pontifícia Universidade Católica de São Paulo, 2017. Disponível em: https://enciclopediajuridica.pucsp.br/verbete/152/edicao-1/autopoiese. Acesso em: 12 out. 2022.

[192] CAMPILONGO, Celso Fernandes. *Direito e democracia*. 2. ed. São Paulo: Max Limonad, 2000. p. 73.

seriam auto-referenciais, isto é, organizados e reproduzidos por meio de circulação interna de elementos inerentes ao próprio sistema. Maturama e Varela, a partir de um livro publicado em 1973, no Chile (De máquinas y seres vivos), desenvolvem a tese que os sistemas celulares possuem, internamente, todos os elementos necessários para o desempenho de suas funções fundamentais, inclusive autorreprodução. Lidam, portanto, com um conceito de sistema fechado, autoreferencial, ou, conforme a terminologia depois consagrada, um sistema autopoiético.

Câmara[193] chama a regulação dos meios de comunicação de "perda da inocência da internet", fazendo uma análise da tensão entre interesses estatais e empresarias na gestão da rede na sociedade da informação, afirmando que a desregulação não é um fenômeno mundial, pois diversos países entendem que os meios de comunicação são de extrema relevância para ficar "nas mãos dos privados". Segundo a autora:

> Não se pode afirmar, todavia, que a desregulação é fenômeno mundial, pois muitos países entendem que a comunicação é muito importante para ficar nas mãos dos privados. De modo geral, antes dos anos oitenta, os meios de comunicação eram regulados por instituições ideológicas e políticas do Estado. A televisão e o rádio eram, em geral, propriedade do governo, embora houvesse espaço para atuação dos privados. Quanto à imprensa escrita, embora estivessem nas mãos de determinadas elites econômica, não é incorreto afirmar que estavam submetidas a inclinações políticas, de maneira que uma imprensa profissional independente foi uma utopia. A partir dos anos oitenta, a onda de políticas liberalizantes, as novas estratégias econômicas, a globalização e o avanço tecnológico fizeram esse quadro se modificar mesclando propriedades governamentais e licenças concedidas a grupos empresariais. A partir de lá, a política é a liberação gradual e limitada do controle dos governos sobre o rádio, a televisão e a imprensa escrita. Esse foi um momento aproveitado pelas companhias de meios de comunicação para conexão com redes empresariais globais.

De acordo com Machado,[194] em razão da globalização e da sociedade de riscos, houve uma mudança de paradigma e outros bens

---

[193] CÂMARA, Edna Torres Felício. *Os dilemas do Estado em rede na era da informação: articulações entre o direito ao desenvolvimento e a liberdade informática*. Tese (Doutorado em Direito das Relações Sociais) – Faculdade de Direito, Universidade Federal do Paraná, Curitiba, 2017. p. 131-137. Disponível em: https://acervodigital.ufpr.br/handle/1884/55082. Acesso em: 15 ago. 2022.

[194] MACHADO, Marta Rodrigues Assis. *Sociedade do Risco e Direito Penal*: uma avaliação de novas tendências político-criminais. São Paulo: IBCCrim, 2005. p. 184.

jurídicos passaram a ser objeto de preocupação do Direito Penal. Em razão disso, parte da doutrina passou a criticar a atuação do direito penal tradicional – pautado na subsidiariedade e na *ultima ratio* – em relação às novas formas de criminalidade que afetam bens jurídicos difusos, como a criminalidade organizada, sob a argumentação que o seu enfrentamento deve partir de políticas de controle das condutas criminosas mediante instrumentos específicos, abandonando os dogmas do direito penal tradicional.

Para Nucci,[195] a criminalidade organizada traz uma visão empresarial do crime, distinguindo-se da atuação das empresas em razão do seu objeto e método ilícitos:

> A organização criminosa *é* a associação de agentes, com caráter estável e duradouro, para o fim de praticar infrações penais, devidamente estruturada em organismo preestabelecido, com divisão de tarefas, embora visando ao objetivo comum de alcançar qualquer vantagem ilícita, a ser partilhada entre os seus integrantes. Pode-se sustentar que a organização criminosa tem a visível feição de uma empresa, distinguindo-se das empresas lícitas pelo seu objeto e métodos ilícitos.

A propósito, no Brasil, a Lei nº 12.850, de 02 de agosto de 2013, artigo 1º, parágrafo 1º, define organização criminosa como sendo:

> Considera-se organização criminosa a associação de 4 (quatro) ou mais pessoas estruturalmente ordenada e caracterizada pela divisão de tarefas, ainda que informalmente, com objetivo de obter, direta ou indiretamente, vantagem de qualquer natureza, mediante a prática de infrações penais cujas penas máximas sejam superiores a 4 (quatro) anos, ou que sejam de caráter transnacional.

Após a vigência do "Pacote Anticrime" (Lei nº 13.964, de 24 de dezembro de 2019), houve a inclusão do crime de organização criminosa no rol dos crimes hediondos, desde que tal organização seja direcionada à prática daqueles tipos de crimes, conforme redação atual constante da Lei nº 8.072/1990, em seu artigo 1º, parágrafo único, inciso V: "Consideram-se também hediondos, tentados ou consumados: (...) V – o crime de organização criminosa, quando direcionado à prática de crime hediondo ou equiparado".

---

[195] NUCCI, Guilherme de Souza. *Organização Criminosa*. 5 ed. Rio de Janeiro: Forense, 2021. p. 12.

Mesmo antes daquela alteração, a doutrina de Da Ponte já entendia que o mandado de criminalização expresso no inciso XLIII do artigo 5º da Constituição Federal teria sido atendido de forma insuficiente quanto aos crimes hediondos, mormente em relação a determinados crimes graves que envolvem bens difusos e coletivos, tais como a criminalidade organizada e a lavagem de dinheiro. De acordo com referido autor:

> Os mandados de criminalização indicam matérias sobre as quais o legislador ordinário não tem a faculdade de legislar, mas a obrigatoriedade de tratar, protegendo determinados bens ou interesses de forma adequada e, dentro do possível, integral.
> (...)
> O combate a determinadas práticas criminosas, como o narcotráfico; a criminalidade organizada; a lavagem de dinheiro; os crimes que atentam contra bens difusos e coletivos; os crimes eleitorais, dentre outros, exige uma nova leitura do Direito Penal que permite, por vezes, a flexibilização de algumas garantias constitucionais em busca de um valor maior, representado pela Justiça Social.[196]

Para a doutrina de Piedade,[197] as organizações criminosas romperam o paradigma dos crimes artesanais, inserindo o Direito Penal dentro de uma nova perspectiva, pautada no Estado Democrático de Direito, em que a resposta criminal deve ser repensada para a criminalidade organizada, sem rosto, transnacional, que muitas vezes se situa dentro do aparato estatal e representa uma afronta à democracia. Nesse ponto, a dupla face do princípio da proporcionalidade, notadamente na vertente da proibição da proteção deficiente, representa o enfrentamento da criminalidade organizada como forma de preservação do próprio Estado Democrático de Direito.

Peres Luño, analisando a sociedade da informação, afirma que o crescimento e a prosperidade dos meios de comunicação mundiais têm como consequência a capacidade de estabelecer conexões em redes essenciais em todas as áreas, como economia, política e a própria sociedade em geral, sendo necessário o estabelecimento de políticas regulatórias:

---

[196] PONTE, Antônio Carlos da. *Crimes eleitorais*. 2. ed. São Paulo: Saraiva, 2016. p. 174 e 188.

[197] PIEDADE, Antônio Sérgio Cordeiro. *Criminalidade organizada e a dupla face do princípio da proporcionalidade*. Tese (Doutorado em Direito) – Pontifícia Universidade Católica de São Paulo, São Paulo, 2013. Disponível em: https://www.sapientia.pucsp.br/handle/handle/6194?mode=full. Acesso em: 04 dez. 2022.

O crescimento e a prosperidade das redes de meios de comunicação globais não somente dependem de sua capacidade para configurar suas redes internas e ampliar seus mercados e redes de provedores, mas também de sua capacidade para estabelecer conexões com redes cruciais em outras áreas da economia, da política e da sociedade em geral. A configuração de antigas e novas empresas de mídia e comunicação depende em última instância das políticas reguladoras (livre tradução para o português do Brasil).[198]

Especialistas brasileiros nas áreas de inteligência, tecnologia da informação e investigação de crimes cibernéticos apontam para as criptomoedas como um assunto ainda tormentoso, uma vez que, por estarem inseridas em um mercado majoritariamente autorregulado pelos seus participantes, funcionam como palco de atuação de diversas organizações criminosas especializadas em crimes contra o sistema financeiro nacional.

Nesse sentido, segundo Leonardi, "se não há uma maneira de saber quem alguém é, onde ele está, nem o que fez ou está fazendo, o sistema jurídico – que é dependente dessas informações para exercer sua força coercitiva – parece perder sua efetividade".[199]

Cavali, ao tratar da autorregulação do mercado de capitais, a define como "organização da atividade econômica pelos próprios participantes do mercado".[200]

Ainda de acordo com o autor, a autorregulação é suscetível a críticas, especialmente em razão do possível conflito de interesses, caracterizado pela possibilidade de desvio da finalidade em favor dos próprios agentes, apresentando, por outro lado, diversas vantagens, tais como a redução dos custos da regulação, a redução da atuação estatal direta que poderia afetar a liberdade e a autonomia econômico-profissional, maior coordenação de questões técnicas e éticas, maior flexibilidade e mutabilidade às mudanças ocorridas no mercado, substituição das sanções penais pela autodisciplina profissional, melhores respostas em relação à complexidade e incerteza existentes no mercado de valores

---

[198] Texto original em espanhol: "(...) el crecimiento y la prosperidad de las redes de medios de comunicación globales no sólo dependen de su capacidad para configurar sus redes internas y ampliar sus mercados y sus redes de proveedores, sino también de su capacidad para establecer conexiones con redes cruciales en otras áreas de la economía, la política y la sociedad en general. La configuración de las antiguas y nuevas empresas de medios y de comunicación depende en última instancia de las políticas reguladoras". PÉREZ LUÑO. Op. cit., p. 144.

[199] LEONARDI, Marcel. Responsabilidade Civil dos Provedores de Serviços de Internet. São Paulo: editora Juarez de Oliveira, 2005. p. 250.

[200] CAVALI, Marcelo Costenaro. Op. cit., p. 130-131.

mobiliários, estabelecimento de padrões técnicos e éticos adequado ao desenvolvimento das profissões, e melhora da imagem da profissão e capacitação dos profissionais, dentre outros aspectos positivos.

Rodrigues e Kurtz,[201] em seu estudo sobre as criptomoedas e seus riscos associados para a prática de lavagem de dinheiro em um mercado pretensamente autorregulado, discorrem haver dois aspectos principais que desafiam os mecanismos tradicionais de combate à lavagem de dinheiro: a descentralização e o pseudoanonimato, por eles assim definidos:

> A descentralização refere-se à independência das transações realizadas com criptomoedas em relação a instituições centralizadoras. Isso dificulta a aplicação de grande parte do regime ALD, pois, conforme previamente exposto, esse arcabouço volta-se quase que inteiramente regulação e à supervisão de entidades que necessariamente centralizam a maior parte das transações realizadas tradicionalmente, como bancos e instituições financeiras. O segundo aspecto está relacionado aos diferentes níveis de pseudoanonimato fornecidos pelos mecanismos criptográficos embutidos em tais sistemas. As exigências de devida diligência acerca do cliente, um dos eixos do pilar preventivo do combate à lavagem de dinheiro, presumem a possibilidade técnica de análise das transações a partir do acesso ao cliente e às informações a ele relativas. Daí a importância de jurisdições de sigilo para os sujeitos delitivos, sobretudo durante a fase de estratificação. Ao desvincular as identidades das partes na plataforma de qualquer dado que as identifique fora dela, as criptomoedas automatizam o sigilo financeiro de forma que não pode ser revertida pela via regulatória. Isso é agravado pela existência de misturadores de criptomoedas (cryptocurrency tumblers ou mixers), os quais dificultam ainda mais a identificação das partes.

Ainda para os autores em referência, dois dos principais casos de lavagem de dinheiro ocorridos no mundo no ano de 2013 reforçam a associação entre moedas criptográficas e crimes financeiros: o primeiro, conhecido por *Liberty Reserve* e o segundo chamado de *Silk Road*, assim detalhados:

> O primeiro, da Liberty Reserve, consistiu no maior esquema online de lavagem de dinheiro da história até então. Desde 2006, a transmissora financeira Liberty Reserve havia conduzido cerca de 55 milhões de

---

[201] RODRIGUES, Gustavo; KURTZ, Lahis. *Criptomoedas e regulação antilavagem de dinheiro no G20*. Instituto de Referência em Internet e Sociedade: Belo Horizonte, 2019. Disponível em: http://bit.ly/2m9pOz0. Acesso em: 22 ago. 2022.

transações, em sua maioria criminosas, por meio de moedas digitais denominada Liberty Reserve Dollar ou Liberty Reserve Euro (LR). Embora as transferências ocorressem em LR, os valores nas pontas eram armazenados em dólar estadunidense ou euro.

Para transacionar em LR, os usuários necessitavam apenas se cadastrar no site da transmissora, o que podia ser feito informando dados falsos, uma vez que as informações não eram sujeitas a qualquer verificação.

Assim, embora não envolvesse criptomoedas no sentido estrito do termo, o caso Liberty Reserve ficou conhecido pelo uso de representações digitais de valor para facilitar transações frequentemente criminosas realizadas sob identidades falsas.

O segundo caso, Silk Road, foi baseado no uso de um serviço onion de comércio no qual bens ilícitos eram costumeiramente negociados. O anonimato propiciado pela infraestrutura do serviço era complementado pelo uso de Bitcoin como meio exclusivo para pagamentos - cada usuário cadastrado na plataforma deveria possuir pelo menos uma carteira de Bitcoin associada a sua conta, embora fosse facultado aos usuários utilizar diferentes carteiras para diferentes transações. A cada transação, os fundos do comprador eram transmitidos para uma carteira de garantia mantida pela plataforma que as retinha até a conclusão da transação, quando então os transferia para a carteira do vendedor. Ademais, um misturador de criptomoedas era utilizado em todas as transações para fornecer uma camada adicional de anonimato.[202]

Shimabukuro[203] expõe sua preocupação com as diversas dificuldades enfrentadas pelas autoridades no combate aos crimes cibernéticos com criptoativos, alertando que um ambiente sem uma devida regulação passa a ser um artifício para operações de fraude, extorsão, tráfico de drogas e lavagem de dinheiro.

A autora em questão ainda cita diversas técnicas utilizadas pelos cibercriminosos na obtenção de informações sigilosas de criptoativos:

1) O "ataque dos 51%": trata-se de uma falha na estrutura do *bitcoin* que permite a uma única entidade inserir vários "nós" controlados que possam manipular as transações no ambiente *blockchain*. Explorando essa falha, uma empresa com grande poder computacional poderia inserir milhares de mineradores na rede, causando impacto na confiança da moeda e da autenticação

---

[202] RODRIGUES, Gustavo; KURTZ, Lahis. *Op. Cit.*
[203] SHIMABUKURO, Adriana. *As investigações na era das moedas digitais*; 2ª Câmara de Coordenação e Revisão, Criminal. *Revista do Ministério Público Federal (MPF)*, Brasília, Coletânea de artigos; v. 3, p. 53-72, 2018. 275 p. Disponível em: https://memorial.mpf.mp.br/nacional/vitrine-virtual/publicacoes/crimes-cyberneticos-coletanea-de-artigos. Acesso em: 22 ago. 2022.

das transações legítimas. Esses mineradores controlados escolheriam determinadas transações e as tornariam inválidas, revertendo operações e impedindo que outros mineradores localizem novos blocos. Foram constatados dois grandes ataques cibernéticos nesse sentido, o primeiro ocorrido em julho de 2014 e o segundo em agosto de 2016, esse último envolvendo a criptomoeda *Ethereum*;

2) O *selfish mining attack*: nessa espécie, o cibercriminoso minera os seus blocos de forma privada e os libera no exato momento em que os mineradores legítimos tentam incluir seus blocos no *blockchain*;

3) O *eclipse attack*: aqui, o criminoso faz um cerco da sua vítima na rede *blockchain* (p2p) para que possa filtrar a sua visão sobre os eventos, cuidando-se de um ataque mais seletivo e individualizado;

4) O caso do vírus *Wannacry*: esse vírus foi responsável por uma onda de infecções cibernéticas de computadores no ano de 2017, exigindo o pagamento de *bitcoins* pelas vítimas para que os cibercriminosos liberassem o acesso aos seus arquivos. Os criminosos coletaram aproximadamente setenta mil *bitcoins* a título de "resgate" pago pelas vítimas, que foram "lavados" mediante a utilização de um *mixer bitcoin*, serviço criado para tentar esconder os rastros das transações.

Para o professor Bechara,[204] no Brasil, o relatório previsto na Lei de Lavagem de Dinheiro, produzido pelo Conselho de Controle de Atividades Financeiras, constitui um dos principais meios de investigação no processo penal:

> O relatório produzido pelo Conselho de Controle de Atividades Financeiras (COAF), órgão criado pela Lei n. 9.613/1998 (Lei de Lavagem de Dinheiro), denominado Relatório de Inteligência Financeiro, tem constituído um dos principais meios de investigação no processo penal. Isso significa reconhecer que a utilidade do relatório não tem se restringido somente ao fortalecimento das medidas de governança e controle no sistema financeiro nacional para a prevenção à lavagem de dinheiro, estendendo-se, também, ao sistema de justiça criminal para a repressão do crime de lavagem de dinheiro.

---

[204] BECHARA, Fábio Ramazzini. Desafios na Investigação de Organizações Criminosas: meios de obtenção de prova; relatório de inteligência financeira. *Revista Jurídica ESMP-SP*, v.10, p. 159-186, 2016.

Apesar de o relatório produzido pelo COAF ser uma ferramenta importante no auxílio às investigações penais, tendo em vista o aperfeiçoamento cada vez maior das técnicas utilizadas pelos cibercriminosos, a comunidade jurídica deve permanecer em alerta, sendo essencial a adaptação dos ordenamentos jurídicos, inovando progressivamente nos instrumentos e mecanismos adequados de apuração daqueles delitos.

Segundo Ballardin,[205] a problemática não se situa na tecnologia *blockchain* – que garante a segurança das transações e a rastreabilidade incorruptível e dificulta o uso das criptomoedas para a lavagem de capitais –, mas sim na capacidade de atuação dos órgãos responsáveis para a fiscalização e investigação, que devem ser munidos de conhecimento e tecnologia que acompanhem as inovações trazidas por esses novos sistemas de finanças e transações.

Assim, segundo a autora, o principal desafio para as autoridades e operadores da lei é entender que a tecnologia descentralizada do *blockchain* se mostra um grande obstáculo à apuração de crimes cibernéticos, sendo necessária a implementação de soluções tecnológicas nesse sentido.

Sob esse prisma, Buffon[206] nos cita novas ferramentas que podem auxiliar a comunidade internacional no combate aos cibercrimes, denominadas *Ciberpatrulha*, que dispensa autorização judicial, por ocorrer em ambientes virtuais abertos, e *Agente Infiltrado Virtual*, que deverá ser delimitada pela decisão judicial que a autorizar, uma vez que a intervenção acontece em ambientes fechados, com peculiaridades relativas à privacidade das informações:

> O Estado, da mesma forma, necessita fazer a prevenção do delito no meio virtual como existe no meio físico. Emerge, então, a possibilidade da ciberpatrulha, que consiste na averiguação dos crimes em locais virtuais públicos. O agente que faz investigações ou buscas em redes abertas, que podem ser feitas diretamente, de forma autônoma, ou com o uso de procedimentos mecânicos, não necessita de autorização judicial. Obviamente que essa ciberpatrulha não permite ações por parte do agente, o que poderá ser feito, num segundo momento, após análise e decisão do Juízo em relação ao agente infiltrado, suas características, permissões e exclusões de culpabilidade.

---

[205] BALLARDIN, Daniele Soldarelli. *Criptoativos e lavagem de capitais*: o que não querem que você saiba. 1. ed. Rio de Janeiro: Editora Lumen Juris, 2022. p. 22-32.

[206] BUFFON, Jaqueline Ana. *Agente Infiltrado Virtual*. 2ª Câmara de Coordenação e Revisão, Criminal. Revista do Ministério Público Federal (MPF), Brasília, Coletânea de artigos, v. 3, p. 74-91, 2018. 275 p. Disponível em: https://memorial.mpf.mp.br/nacional/vitrine-virtual/publicacoes/crimes-ciberneticos-coletanea-de-artigos. Acesso em: 22 ago. 2022.

(...)
Ao acessar redes fechadas, é necessário um convite e/ou a conquista da confiança por parte dos usuários daquele ambiente virtual. Assim, resta demonstrada a importância do agente infiltrado on-line, o qual deverá estar atento à observância de todos os limites que a lei impõe, para se obter uma prova válida. Um dos grandes motivos para tal exigência são as peculiaridades relativas aos direitos da privacidade de comunicação que devem ser sopesados pelas autoridades competentes, no espaço cibernético de redes fechadas.

Conforme ainda ressalta Buffon,[207] tais ferramentas têm seu uso autorizado e regulamentado por diversas leis presentes no direito compactado, tal como na Espanha, nos termos do art. 282 da Lei Orgânica nº 5/1999 (modificada em 2015 pela Lei nº 13/2015), bem como na Argentina, conforme previsão na Lei nº 24.424/1995, que autoriza a atuação do agente infiltrado nas investigações, desde que sejam atendidos alguns limites, como o de não existirem outros meios para atingir a finalidade da investigação ou se a ação do agente provocador resultar em grave risco à vida ou à integridade física ou moral de outras pessoas.

Concluímos que, no Brasil, embora haja previsão de procedimentos investigatórios e processuais penais em algumas leis, a exemplo da Lei nº 13.441, de 08 de maio de 2017 (que alterou o Estatuto da Criança e do Adolescente), e da Lei nº 12.850, de 02 de agosto de 2013, alterada pela Lei nº 13.964, de 24 de dezembro de 2019 (que define organização criminosa e dispõe sobre a investigação criminal, meios de obtenção de prova e infrações penais correlatas), ainda é tímido o avanço legislativo do nosso país no campo do direito processual penal, considerando a realidade virtual que vivemos e os passos já dados por outros países, mais preocupados com a temática do combate aos cibercrimes.

4.3 Breve análise dos principais projetos legislativos de regulação dos criptoativos em tramitação no país e a recente aprovação da Lei nº 14.478, de 21 de dezembro de 2022

O Brasil possui em tramitação algumas propostas legislativas com o objetivo de regular o mercado de criptomoedas do país, a exemplo do Projeto de Lei nº 3.706/2021, atualmente no Plenário da

---

[207] BUFFON, Jaqueline Ana. *Op. cit.*

Casa Legislativa desde 22.10.2021,[208] que acrescenta os artigos 24-A e 254-B à Lei nº 7.492, de 16 de junho de 1986 ("define os crimes contra o sistema financeiro nacional, e dá outras providências"), para tipificar a constituição de pirâmide financeira e a intermediação ou a negociação de criptoativos com o objetivo de praticar crimes.

De acordo com a justificativa apresentada ao projeto, a prática de pirâmide financeira é definida pela constituição de cadeia(s) de pessoas que são atraídas por promessas fraudulentas de ganho fácil de dinheiro, desvinculando-se da venda real de algum produto ou serviço, sendo que os investimentos, realizados mediante ardil, mantêm a estrutura de funcionamento da empresa de "fachada" até que ela venha a ruir pela falta de novas vítimas.

No Brasil, o crime de pirâmide financeira possui tipificação penal no art. 2º, IX, da Lei nº 1.521, de 26 de dezembro de 1951 (lei de economia popular), que prevê uma pena extremamente branda (detenção de seis meses a dois anos, e multa), uma vez que a lei foi elaborada em um contexto social onde não havia se falar em sociedade da informação e no uso de criptomoedas como meio de pagamento virtual.

A propósito, em recente decisão, o Superior Tribunal de Justiça,[209] por meio de sua Quinta Turma, manteve a ação penal por crime contra a economia popular e por estelionato contra um grupo que operava esquema de pirâmide financeira envolvendo investimentos em criptomoedas.

Conforme o acórdão do STJ, os criminosos se utilizavam de uma plataforma eletrônica conhecida por *Vik Traders*, para atrair investidores com a promessa de ganhos acima da média, por meio de compra e venda de criptomoedas, disponibilizando alguns resgates iniciais, mas logo as vítimas deixavam de receber os valores investidos. Assim, era simulada uma operação de marketing multinível, vinculando a participação no negócio à atração de novos investidores.[210]

---

[208] BRASIL. SENADO FEDERAL. *Projeto de Lei nº 3.706, de 2021*. Acrescenta os arts. 24-A e 24-B na Lei nº 7.492, de 16 de junho de 1986, para tipificar a constituição de pirâmide financeira e a intermediação ou a negociação de criptoativos com o objetivo de praticar crimes. Disponível em: https://www25.senado.leg.br/web/atividade/materias/-/materia/150410. Acesso em: 29 mar.2022.

[209] Superior Tribunal de Justiça. Recurso em Habeas Corpus nº 161.635/DF, Quinta Turma, Relator o Ministro Ribeiro Dantas. Data do julgamento: 23 ago. 2022. Disponível em: https://processo.stj.jus.br/processo/revista/documento/mediado/?componente=ITA&sequencial=2207490&num_registro=202200656123&data=20220830&formato=PDF. Acesso em: 25 ago.2022.

[210] Superior Tribunal de Justiça. Notícia disponível em: https://www.stj.jus.br/sites/portalp/Paginas/Comunicacao/Noticias/2022/21092022-Quinta-Turma-reconhece-possivel-estelionato-em-acoes-de-grupo-acusado-de-explorar-piramide-financeira.

O mesmo Superior Tribunal de Justiça, em matéria veiculada em 18.09.2022,[211] apresentou um estudo acerca das pirâmides financeiras, sistematizando a sua jurisprudência sobre o assunto, no sentido de que a captação de recursos por meio de pirâmide não se enquadra no conceito de atividade financeira para fins de incidência da Lei nº 7.492/1986 (que define os crimes contra o sistema financeiro nacional), tampouco nos crimes contra o mercado de capitais (Lei nº 6.385/1976), amoldando-se mais ao delito previsto no artigo 2º, inciso IX, da Lei nº 1.521/1951 (que dispõe sobre os crimes contra a economia popular).

Desse modo, o PL nº 3.706/2021 tem o intuito de corrigir essa lacuna legislativa, adicionando os artigos 24-A e 24-B à Lei nº 7.492, de 16 de junho de 1986 e, no que mais interessa ao nosso trabalho, o artigo 24-B passa a prever o tipo penal de organização, gerenciamento, oferta de carteiras ou intermediação de compra e venda de criptoativos, com o objetivo de constituir processo fraudulento, ou ainda de praticar evasão de divisas, sonegação fiscal ou qualquer outro crime, independentemente da obtenção de benefício econômico, com pena prevista de quatro a oito anos de reclusão e multa, sem prejuízo da aplicação cumulativa das penas referentes aos eventuais crimes de evasão de divisa, sonegação fiscal praticados em conjunto.

Tal projeto que, sem dúvida, apresenta um grande avanço na criminalização das pirâmides financeiras praticadas com utilização de criptoativos, ainda está em tramitação no Senado Federal, com último estado "aguardando a designação de relator" até o fechamento desta edição.

Outra proposta legislativa, dessa vez de iniciativa da Câmara dos Deputados, é o Projeto de Lei nº 1300/2022, que "altera o Decreto-Lei nº 2.848, de 7 de dezembro de 1940, que dispõe sobre o Código Penal – Do Estelionato e outras Fraudes, acrescentando inciso VII ao art. 171: "organizar, gerir, ofertar ou intermediar operações envolvendo ativos virtuais, com o fim de obter vantagem ilícita, em prejuízo alheio, induzindo ou mantendo alguém em erro, mediante artifício, ardil, ou qualquer outro meio fraudulento".[212]

---

aspx#:~:text=A%20Quinta%20Turma%20do%20Superior,de%20dinheiro%20e%20associa%C3%A7%C3%A3o%20criminosa.. Acesso em: 20 set. 2022.

[211] Superior Tribunal de Justiça. Notícia disponível em: https://www.stj.jus.br/sites/portalp/Paginas/Comunicacao/Noticias/2022/18092022-Os-quatro-lados-de-um-projeto-de-ruina-as-piramides-financeiras-segundo-a-jurisprudencia-do-STJ.aspx. Acesso em: 20 set.2022.

[212] BRASIL. CÂMARA DOS DEPUTADOS. *Projeto de Lei nº 1300, de 2022*. Altera o Decreto-Lei nº 2.848, de 7 de dezembro de 1940, que dispõe sobre o Código Penal – Do Estelionato e outras Fraudes, acrescentando inciso VII ao art. 171. Disponível em: https://www.camara.leg.br/proposicoesWeb/prop_mostrarintegra?codteor=2172500. Acesso em: 20 ago. 2022.

Entendemos que, embora o projeto de lei em questão seja interessante, no sentido de atualizar o tipo penal do estelionato previsto no Código Penal, incluindo como elemento material as criptomoedas, ele perdeu o seu objeto em razão da recente aprovação do novo marco regulatório dos criptoativos, conforme veremos abaixo.

Por fim, podemos citar o Projeto de Lei nº 4.401/2021, que objetivou unificar vários projetos de lei anteriormente apresentados em um só documento. No dia 27.04.2022, em votação ocorrida no Senado Federal, tal projeto foi aprovado na forma de substitutivo, retornando à Câmara dos Deputados. Na mesma sessão, os senadores deliberaram por encaminhar ao arquivo os Projetos de Lei de números 3.825/2019, 3.949/2019 e 4.207/2020, ante a sua prejudicialidade, por tratarem do mesmo tema.[213]

Em 04 de maio de 2022, o PL nº 4.401/2021 foi encaminhado pela Presidência do Senado Federal à Câmara dos Deputados. Após ser pautado em regime de urgência, foi recentemente aprovado em 29 de novembro de 2022[214] e após sanção presidencial, foi convolado na Lei nº 14.478, de 21 de dezembro de 2022 (DOU de 22.12.2022).[215]

Um dos principais motivos da aprovação da lei em regime de urgência foi o colapso ocorrido na empresa *FTX*, corretora de criptomoedas e até então um dos maiores *players* desse mercado – atrás apenas da *Binance* –, que entrou com pedido de proteção contra falência nos Estados Unidos, em 11 de novembro de 2022, após a descoberta de informações documentais de que o então CEO da companhia, *Sam Bankman-Fried*, teria utilizado recursos de clientes para realizar operações próprias e de suas subsidiárias, o que ensejou a retirada de dinheiro por milhares de clientes da *FTX*, temerosos pelo risco de perderem

---

[213] Transcrição da sessão do Senado Federal disponível em: https://legis.senado.leg.br/diarios/ver/109771?sequencia=44. Acesso em: 22 ago. 2022.

[214] MALAR, João Pedro. Câmara aprova projeto de lei que regulamenta setor de criptomoedas no Brasil. *Revista Exame*, 29 nov. 2022. Disponível em: https://exame.com/future-of-money/camara-dos-deputados-aprova-projeto-de-lei-que-regula-setor-de-criptomoedas/. Acesso em: 29 nov. 2022.

[215] BRASIL. *Lei nº 14.478, de 21 de dezembro de 2022*. Dispõe sobre diretrizes a serem observadas na prestação de serviços de ativos virtuais e na regulamentação das prestadoras de serviços de ativos virtuais; altera o Decreto-Lei nº 2.848, de 7 de dezembro de 1940 (Código Penal), para prever o crime de fraude com a utilização de ativos virtuais, valores mobiliários ou ativos financeiros; e altera a Lei nº 7.492, de 16 de junho de 1986, que define crimes contra o sistema financeiro nacional, e a Lei nº 9.613, de 3 de março de 1998, que dispõe sobre lavagem de dinheiro, para incluir as prestadoras de serviços de ativos virtuais no rol de suas disposições. Diário Oficial da União, DF, Edição n. 240, Seção 1, p. 3, 22 dez. 2022. Disponível em: https://www.in.gov.br/en/web/dou/-/lei-n-14.478-de-21-de-dezembro-de-2022-452739729. Acesso em: 22 dez. 2022.

seus depósitos, levando-a à quebra[216] e posteriormente à prisão do seu ex-CEO e fundador.[217]

O caso *FTX*, que abalou sensivelmente o mercado, pressionou a Câmara dos Deputados brasileira a aprovarem o novo marco regulatório dos criptoativos ainda no ano de 2022, embora o destaque que previa a segregação patrimonial entre corretoras e clientes tenha sido rejeitado, frustrando, em parte, as expectativas do mercado.[218]

Referido ato normativo, nos termos da sua ementa:

> Dispõe sobre diretrizes a serem observadas na prestação de serviços de ativos virtuais e na regulamentação das prestadoras de serviços de ativos virtuais; altera o Decreto-Lei nº 2.848, de 7 de dezembro de 1940 (Código Penal), para prever o crime de fraude com a utilização de ativos virtuais, valores mobiliários ou ativos financeiros; e altera a Lei nº 7.492, de 16 de junho de 1986, que define crimes contra o sistema financeiro nacional, e a Lei nº 9.613, de 3 de março de 1998, que dispõe sobre lavagem de dinheiro, para incluir as prestadoras de serviços de ativos virtuais no rol de suas disposições.

De acordo com Martins,[219] as preocupações centrais que nortearam a elaboração e a aprovação da lei em referência foram duas: a primeira, de ordem penal; a segunda, de ordem consumeirista, pretendendo-se, em linhas gerais, garantir maior controle e segurança no mercado brasileiro de ativos digitais, tendo em conta a popularização das criptomoedas que vem ocorrendo nos últimos anos, a exemplo do *bitcoin* (BTC). Ainda segundo a autora em testilha:

---

[216] MIATO, Bruna. De US$ 32 bilhões a zero: o que aconteceu com a gigante das criptomoedas FTX. *G1 (Globo)*, 18 nov. 2022. Disponível em: https://g1.globo.com/economia/noticia/2022/11/18/de-us-32-bilhoes-a-zero-o-que-aconteceu-com-a-gigante-das-criptomoedas-ftx.ghtml. Acesso em: 06 dez. 2022.

[217] ANDRADE, Matheus. Sam Bankman-Fried, ex-CEO da FTX, é preso nas Bahamas. *Jornal Estado de São Paulo*, 13 dez. 2022. Disponível em: https://www.estadao.com.br/economia/ftx-falencia-ex-ceo-preso-bahamas-npre/. Acesso em: 13 dez. 2022.

[218] MALAR, João Pedro. Falta de segregação de ativos em lei sobre criptomoedas divide especialistas. *Revista Exame*, 30 nov. 2022. Disponível em: https://exame.com/future-of-money/falta-de-segregacao-de-ativos-em-lei-sobre-criptomoedas-divide-especialistas/. Acesso em: 06 dez. 2022.

[219] MARTINS, Amanda Cunha e Mello Smith. Marco legal dos criptoativos: o que esperar do futuro das moedas digitais. *Consultor Jurídico*, 06 dez. 2022. Disponível em: https://www.conjur.com.br/2022-dez-06/direito-digital-marco-legal-criptoativos-oque-esperar-futuro-moedas-virtuais. Acesso em: 06 dez. 2022.

A motivação de ordem penal está relacionada ao potencial de utilização de criptoativos em atividades criminosas, como lavagem de dinheiro ou ocultação de valores, ou como forma de remuneração por atividades ilícitas. A segunda motivação, de ordem consumerista, está ligada à vulnerabilidade dos consumidores que estariam "inadvertidamente expostos a riscos financeiros significativos e sem proteção legal alguma". Dessa forma, um dos objetivos da regulação do setor é oferecer uma maior proteção aos consumidores, atraindo a aplicação do Código de Defesa do Consumidor, e impondo exigências que permitam demandas as empresas prestadoras de serviços no judiciário nacional.

Para Rosenvald e Braga Netto,[220] a Lei nº 14.478/2022 é bem-vinda ao sanar uma omissão legislativa no tocante à prestação de serviços de ativos virtuais pelas corretoras ou *exchanges*, visando sobretudo à proteção dos consumidores e à implementação de boas práticas de governança corporativa, no intuito de promover uma maior transparência das informações:

Não havia, até a chegada da Lei 14.478/2022, regulamentação legal no Brasil para a prestação de serviços de ativos virtuais. As prestadoras de serviços de ativos virtuais são chamadas *exchanges* ou corretoras. A lei chega para tentar proteger os consumidores nesse mercado e implantar boas práticas de governança e, sobretudo, transparência. No passado – e ainda hoje de certa forma – ocorria certa *assimetria informacional* entre os dados que o consumidor conhece e os dados que a corretora dispõe. Para diminuir essa assimetria é importante que a corretora faça prova robusta de suas reservas, mediante auditoria independente. Fundamental é conhecer os mecanismos de salvaguarda dos ativos dos clientes. Tudo recomenda maior transparência nas relações informacionais. Aliás, essa é uma das diretrizes do direito privado no século XXI.

Nesse contexto, a regulamentação era necessária e é bem-vinda. O colapso da FTX em 2022 – a segunda maior *exchange* do mundo – representou um dos maiores escândalos financeiros dos EUA (mais de 1 milhão de credores perderam dinheiro com a fraude na FTX). Em dezembro de 2022, o fundador da corretora de criptomoedas FTX, Sam Bankman-Fried, foi preso nas Bahamas tendo os EUA pedido sua extradição (ele, aliás, em 2022 foi o segundo maior doador para

---

[220] ROSENVALD, Nelson; NETTO, Felipe Braga. Primeiros comentários sobre o Marco das Criptomoedas (Lei n. 14.478/2022, de 21 de dezembro de 2022). Meu Site Jurídico, 23 dez. 2022. Disponível em: https://meusitejuridico.editorajuspodivm.com.br/2022/12/23/primeiros-comentarios-sobre-o-marco-das-criptomoedas-lei-no-14-478-2022-de-21-de-dezembro-de-2022/. Acesso em: 23 dez. 2022.

as campanhas eleitorais nos EUA, tendo doado cerca de 77 milhões de dólares). O marco cripto (Lei 14.478/2022) é lei fundamentalmente voltada para regrar as empresas que operam neste mercado, alterando pouco a situação dos usuários (ainda que traga mais segurança para esses, pelo menos em tese). A grande questão em termos de segurança do usuário – chamada *segregação patrimonial* – ficou de fora do arcabouço legislativo, por conta de lobby de parte do setor, o que é de se lamentar.

Da análise do texto da Lei nº 14.478/2022, que conta com apenas 14 artigos, denota-se a preocupação inicial do legislador em resguardar a competência da Comissão de Valores Mobiliários para regular os ativos representantes de valores mobiliários sujeitos ao regime da Lei nº 6.385, de 07 de dezembro de 1976, excluindo-se da nova lei dos criptoativos tal matéria (art. 1º, *caput* e parágrafo único).

Na sequência, o legislador, novamente de forma preventiva, condiciona o funcionamento das prestadoras de serviços de ativos virtuais à prévia autorização do órgão ou entidade da Administração Pública Federal, podendo tal autorização ocorrer mediante procedimento simplificado (art. 2º, *caput* e parágrafo único).

Referido órgão ou entidade, ainda, definirá quais serão os ativos financeiros a serem regulados, para os fins dessa lei (art. 3º, parágrafo único). E, nos termos do artigo 9º da mesma lei, tal órgão ou entidade estabelecerá condições e prazos, não inferiores a 6 (seis) meses, para adequação das prestadoras de serviços de ativos virtuais que estiverem em atividade às disposições desta Lei e às normas por ela estabelecidas. Ao definir "ativo virtual" como "representação digital de valor que pode ser negociada ou transferida por meios eletrônicos e utilizada para a realização de pagamentos ou com o propósito de investimentos", o legislador do novo marco regulatório dos criptoativos expressamente exclui do âmbito de aplicação legal: *i)* as moedas nacional e estrangeiras; *ii)* as moedas eletrônicas, reguladas pela Lei nº 12.865, de 09 de outubro de 2013; *iii)* os instrumentos que provejam ao seu titular acesso a produtos ou serviços especificados ou a benefício proveniente desses produtos ou serviços – a exemplo de pontos e recompensas de programas de fidelidade; e *iv)* as representações de ativos cuja emissão, escrituração, negociação ou liquidação esteja prevista em lei ou regulamento, tais como os ativos mobiliários e os ativos financeiros (art. 3º, *caput* e incisos).

A nova legislação regulatória dos criptoativos ainda traça as diretrizes gerais sobre a prestação de serviços de ativos virtuais, condicionando a sua aplicabilidade à aprovação de órgão ou entidade da

Administração Pública Federal definido por ato do Poder Executivo (art. 4º, *caput*).

Tais diretrizes, de forma genérica, preconizam os princípios da livre iniciativa, da livre concorrência, das boas práticas de governança, da transparência nas operações, da abordagem baseada em riscos, da segurança da informação e da proteção de dados pessoais, da proteção e defesa dos consumidores e dos usuários, da proteção à poupança popular, da solidez e eficiência das operações e, no que mais interessa ao nosso trabalho, da "prevenção à lavagem de dinheiro e ao financiamento do terrorismo e da proliferação de armas de destruição em massa, em alinhamento com os padrões internacionais" (art. 4º, *caput* e incisos I a VII).

A parte final do inciso VII do art. 4º do novo marco regulatório é de extrema importância, uma vez que denota uma clara intenção do legislador em alinhar os padrões do Brasil aos modelos internacionais de prevenção à lavagem de dinheiro com criptomoedas, dentre outros crimes.

Conforme vimos em capítulos anteriores, o Brasil é membro do Grupo de Ação Financeira, organismo intergovernamental que tem como objetivo desenvolver e promover políticas, nacionais e internacionais, de combate ao branqueamento de capitais e ao financiamento do terrorismo, tendo nosso país assumido o compromisso de alinhar-se aos padrões internacionais por ele instituídos e a seguir as suas recomendações, dentre elas, a de número 29, que dispõe sobre a obrigatoriedade da existência de uma Unidade de Inteligência Financeira (UIF) com jurisdição nacional e com autonomia operacional:

> 29. Os países deveriam estabelecer uma unidade de inteligência financeira (UIF) que sirva como um centro nacional de recebimento e análise de: (a) comunicações de operações suspeitas; e (b) outras informações relevantes sobre lavagem de dinheiro, crimes antecedentes e financiamento do terrorismo, e de disseminação dos resultados de tal análise. A UIF deveria ser capaz de obter informações adicionais das entidades comunicantes e ter acesso rápido a informações financeiras, administrativas e de investigação que necessite para desempenhar suas funções adequadamente.[221]

---

[221] Disponível em: https://www.fatf-gafi.org/media/fatf/documents/recommendations/pdfs/FATF-40-Rec-2012-Portuguese-GAFISUD.pdf. Acesso em: 20 dez. 2022.

O Conselho de Controle de Atividades Financeiras é o órgão que atua como UIF do Brasil junto ao GAF, sendo regulamentado pela Lei nº 13.974, de 7 de janeiro de 2020,[222] cujo artigo 2º dispõe que o COAF possui autonomia técnica e operacional e atuação em todo o território nacional.

Recentemente, a Medida Provisória nº 1.154, de 1º de janeiro de 2023,[223] que trata da reorganização administrativa do Governo Federal, determinou a realocação do COAF do Banco Central para a estrutura do Ministério da Fazenda.

Nos termos do artigo 3º da Lei nº 13.974, de 7 de janeiro de 2020, observa-se que o COAF possui diversas atribuições, dentre elas as de: i) produzir e gerir informações de inteligência financeira para a prevenção e o combate à lavagem de dinheiro; e ii) promover a interlocução institucional com órgãos e entidades nacionais, estrangeiros e internacionais que tenham conexão com suas atividades.

Dessa forma, quis o legislador inserir os prestadores de serviços de ativos virtuais em um universo regulatório nacional e internacional voltado ao combate à lavagem de dinheiro e ao financiamento do terrorismo, reconhecendo o seu alto risco de incidência no segmento dos ativos virtuais.

Ainda em relação à matriz principiológica inserida no artigo 4º da nova lei, há de se ressaltar que o anterior substitutivo encaminhado pelo Senado Federal ainda apontava o princípio da segregação patrimonial, que acabou sendo retirado da versão final aprovada, gerando diversos debates, como se verá.

A prestadora de serviços de ativos virtuais passa a ser definida no novo marco regulatório como a pessoa jurídica que executa, em nome de terceiros, pelo menos 1 (um) dos serviços de ativos virtuais, tais como: *i)* troca entre ativos virtuais e moeda nacional ou estrangeira; *ii)* troca entre um ou mais ativos virtuais; *iii)* transferência de ativos virtuais; *iv)* custódia ou administração de ativos virtuais ou de instrumentos que possibilitem controle sobre ativos virtuais; ou *v)* participação em serviços financeiros e prestação de serviços relacionados à oferta por um emissor ou venda de ativos virtuais, dentre outras atividades a serem autorizadas pelo órgão ou entidade da Administração Pública federal indicada em ato do Poder Executivo (art. 5º, incisos e parágrafo único).

---

[222] BRASIL. *Lei nº 13.974, de 7 de janeiro de 2020*. Disponível em: https://www.planalto.gov.br/ccivil_03/_ato2019-2022/2020/lei/l13974.htm. Acesso em: 20 dez. 2022.

[223] BRASIL. Governo Federal. *Medida Provisória nº 1.154, de 1º de janeiro de 2023*. Publicado no Diário Oficial da União de 01.01.2023, Seção: 1, Edição Especial, Página: 1.

A prestadora de serviços indicada acima terá sua disciplina e funcionamento regulado por um ou mais órgãos da Administração Pública Federal, conforme determinado por ato do Poder Executivo (art. 6º).

O artigo 7º, *caput*, incisos e parágrafo único da nova lei regulatória dos criptoativos atribui aos órgãos ou entidades reguladoras indicadas em ato do Poder Executivo Federal diversas competências essenciais à implementação dos objetivos indicados na norma, tais como:

i) Autorizar funcionamento, transferência de controle, fusão, cisão e incorporação da prestadora de serviços de ativos virtuais;

ii) Estabelecer condições para o exercício de cargos em órgãos estatutários e contratuais em prestadora de serviços de ativos virtuais e autorizar a posse e o exercício de pessoas para cargos de administração;

iii) Supervisionar a prestadora de serviços de ativos virtuais e aplicar as disposições da Lei nº 13.506, de 13 de novembro de 2017, em caso de descumprimento desta lei ou de sua regulamentação;

iv) Cancelar, de ofício ou a pedido, as autorizações acima elencadas, de acordo com as hipóteses e procedimentos definidos pelo órgão ou entidade da Administração Pública Federal de que trata o *caput*; e

v) Dispor sobre as hipóteses em que as atividades ou operações de que trata o artigo 5º desta lei serão incluídas no mercado de câmbio ou em que deverão submeter-se à regulamentação de capitais brasileiros no exterior e capitais estrangeiros no País.

O artigo 8º da nova lei faculta às instituições financeiras autorizadas a funcionar pelo Banco Central do Brasil a operarem serviços exclusivamente de ativos virtuais ou cumulá-los com outras atividades, na forma da regulamentação a ser editada pelo órgão ou entidade da Administração Pública federal indicada em ato do Poder Executivo Federal.

Os artigos 10 e seguintes do novo marco regulatório constituem normas que alteram a legislação penal já em vigor, incluindo no seu bojo diversas disposições incriminadoras de cibercrimes praticados com ativos virtuais.

Assim, o crime de estelionato, previsto originalmente no artigo 171, *caput*, do Código Penal, de acordo com a nova lei dos criptoativos, terá a letra "A" acrescida, passando a ser tipificado o novo crime de "fraude em prestação de serviços de ativos virtuais, valores mobiliários ou ativos financeiros", com pena de reclusão de 4 (quatro) a 8 (oito) anos e multa. Os núcleos do tipo indicados pelo legislador são os verbos "organizar, gerir, ofertar ou distribuir carteiras ou intermediar operações" que envolvam ativos virtuais, valores mobiliários ou qualquer ativo financeiro com o fim de obter vantagem ilícita – aqui, exige-se dolo específico –, em prejuízo alheio, induzindo ou mantendo alguém em erro, mediante artifício, ardil ou qualquer outro meio fraudulento.

Cunha,[224] ao comentar as inovações trazidas pelo novo marco regulatório dos criptoativos no âmbito criminal, aduz que a inserção do artigo 171-A ao Código Penal é positiva e tem o propósito de combater as fraudes causadas sobretudo por organizações criminosas, que captam recursos de milhares de pessoas que, ante o seu parco conhecimento acerca dessas novas modalidades criminosas, não conseguem mais recuperar os seus investimentos. Para o mesmo autor, a norma em testilha chega para proteger tanto o patrimônio individual dos investidores quanto o sistema financeiro nacional como um todo, atraindo a competência do processo e do julgamento para a Justiça Federal:

> (…) Infelizmente, o aumento no volume de negócios abre espaço para os mais diversos esquemas fraudulentos, que, no plano virtual, parecem estar sendo especialmente bem-sucedidos devido sobretudo ao pouco conhecimento a respeito de certas modalidades de negócio financeiro. Em virtude disso, são corriqueiras as notícias de vultosos prejuízos patrimoniais causados por grupos criminosos que, por meio de operações fraudulentas, captam recursos de milhares de pessoas que não conseguem mais recuperar o investimento. A inserção do art. 171-A no Código Penal tem o propósito de lidar especificamente com essa espécie de fraude. Não obstante, a incriminação abrange outras espécies de ativos financeiros.
> A fraude com a utilização de ativos financeiros é um crime nominalmente patrimonial. Contudo, devido ao número imenso de potenciais vítimas dos esquemas fraudulentos que se busca inibir, não é exagero dizer que a tutela recai paralelamente no sistema financeiro nacional, o que influencia na competência para o processo e julgamento (…).

---

[224] CUNHA, Rogério Sanches. Fraude com a utilização de ativos virtuais, valores mobiliários ou ativos financeiros – Lei 14.478/22: breves comentários. Meu Site jurídico, 27 dez. 2022. Disponível em: https://meusitejuridico.editorajuspodivm.com.br/2022/12/27/fraude-com-a-utilizacao-de-ativos-virtuais-valores-mobiliarios-ou-ativos-financeiros-lei-14-478-22-breves-comentarios/. Acesso em 28 dez.2022.

A partir da edição da Lei 14.478/22, a tendência deve ser a fixação da competência na Justiça Federal. Isso porque as características desse crime (atividade dedicada à gestão financeira) impõem que o sujeito ativo ao menos se organize na forma de uma instituição financeira, ainda que informalmente. Não obstante a fraude com a utilização de ativos tenha sido inserida entre os crimes patrimoniais, a constituição do tipo penal nos leva a concluir que o patrimônio é tutelado juntamente com o sistema financeiro, que sem dúvida é vulnerável a atos fraudulentos cometidos na gestão de carteiras e na intermediação de operações de quaisquer ativos financeiros. É patente o interesse da União nesses casos, inclusive no tocante aos ativos virtuais, tanto que a Lei 14.478/22 dispõe que as prestadoras de serviços desses ativos somente poderão operar mediante prévia autorização de órgão ou entidade da Administração Pública federal. Ainda que não seja possível sustentar a existência de um efetivo controle de ativos como as criptomoedas, quando se trata de entidades ou indivíduos que lidam com a gestão de patrimônio o interesse federal é tão presente quanto na operação de instituições financeiras tradicionais.

Na realidade, vemos que os diversos núcleos do tipo presentes no novel artigo 171-A do Código Penal compõem um verdadeiro microssistema criminal, integrado ao artigo 1º da Lei nº 7.492/1986 (crimes contra o sistema financeiro nacional), pressupondo a prática, pelo agente, de uma atividade destinada à gestão do patrimônio alheio, ainda que não haja uma pessoa jurídica formalmente constituída, peculiaridade que diferencia o novo crime do estelionato comum, tipificado no *caput* do artigo 171 do Código Penal.

A propósito, de acordo com Cunha,[225] o artigo 171-A do Código Penal se apresenta como uma norma penal em branco, a ser complementada pelos conceitos legais de ativos virtuais e valores mobiliários, definidos pelos artigos 2º e 3º da Lei nº 14.478/2022, podendo tal crime ainda ocorrer quando a conduta recair sobre quaisquer outros ativos financeiros, ante a inserção, pelo legislador, de um elemento normativo genérico, que permite ao intérprete considerar outros ativos financeiros que gerem um retorno ao investidor, tais como moedas, depósitos bancários e títulos públicos, entre outros:

> A nosso ver, em qualquer das modalidades de ativos, os núcleos típicos pressupõem uma espécie de atividade dedicada à gestão financeira do patrimônio alheio, ainda que não haja uma pessoa jurídica constituída formalmente. Se, por exemplo, alguém pratica fraudes em negociações diretas de ativos virtuais sem que esteja presente essa característica de

---

[225] CUNHA, Rogério Sanches. *Op. Cit.*

gestão, comete estelionato (art. 171 do CP), não o crime do art. 171-A, porque transaciona um ativo, não organiza, gere, oferta ou distribui *carteiras* (uma carteira de investimentos é composta por um conjunto de ativos que devem ser geridos para proporcionar o melhor rendimento); nem *intermedeia* operações, mas as promove por si mesmo.

Em suma, para tipificar o crime do art. 171-A do CP, devemos promover um diálogo entre o novo tipo e o art. 1º da Lei 7.492/86, também alterado pela Lei 14.478/22. Pressupõe o sujeito ativo agindo por meio de empresa que ofereça serviços referentes a operações com ativos virtuais, inclusive intermediação, negociação ou custódia, ou, mesmo atuando como pessoa natural, exerça a captação, intermediação ou aplicação de recursos financeiros de terceiros, ou a custódia, emissão, distribuição, negociação, intermediação ou administração dos ativos.

O art. 171-A se apresenta como norma penal em branco, que deve ser complementada pelos conceitos legais de ativos virtuais e de valores mobiliários.

O crime também pode ocorrer quando a conduta recai em "quaisquer outros ativos financeiros". O legislador insere um elemento normativo que encerra o tipo penal de forma genérica, permitindo ao intérprete encontrar outros ativos que geram um retorno para o investidor, seja uma pessoa física ou uma empresa. Trata-se de algo abrangente em que se inserem moedas, depósitos bancários, títulos públicos, dentre outros que não se incluam nas definições específicas já mencionadas.

O crime tipificado no artigo 171-A do Código Penal, que se processará mediante ação penal pública incondicionada, exige o dolo específico, consistente na vontade consciente de praticar uma ou mais condutas prescritas nos núcleos do tipo, com o fim de obter vantagem ilícita, em prejuízo alheio, induzindo ou mantendo alguém em erro, mediante artifício, ardil ou qualquer outro meio, sendo inadmissível a forma culposa, diferentemente do crime de estelionato comum do artigo 171, *caput*, do Código Penal.

No tocante à consumação do delito em análise, por se tratar de um crime formal, ela ocorre no momento que o agente pratica as condutas de organizar, gerir, ofertar, distribuir carteiras ou intermediar operações que envolvam ativos virtuais, valores mobiliários ou quaisquer outros ativos financeiros, sendo irrelevante, para fins de consumação delitiva, a posterior obtenção da vantagem patrimonial. A tentativa, em tese, é admissível, embora seja difícil na prática, conforme afirma Cunha[226]:

---

[226] CUNHA, Rogério Sanches. *Op. Cit.*

A tentativa é teoricamente possível, mas, a depender da extensão conferida à conduta de organizar operações fraudulentas, pode ser difícil na prática. Isso porque organizar a operação pode consistir, por exemplo, em coordená-la já em andamento, como também em planejar seu início mediante a elaboração de prospectos, anúncios, contratos ou páginas na internet. Esses atos, que ordinariamente seriam tidos como preparatórios, podem se tornar executórios e levar diretamente à consumação. Nesse contexto, a fraude com a utilização de ativos financeiros se tornaria um crime de atentado.

A propósito, a doutrina de Blum e Gueiros aponta para inconsistências no novo tipo previsto no artigo 171-A do Código Penal, afirmando que, embora ele contenha estrutura típica de crime formal, na prática, a sua caracterização dependerá da ocorrência do resultado, tal como no delito de estelionato comum, sendo mais adequado que o legislador, em vez de criar um tipo penal específico para a conduta, simplesmente tivesse incluído uma nova qualificadora ou causa de aumento de pena ao estelionato simples, por exemplo, um novo parágrafo ao art. 171 do Código Penal:

> A realização da conduta prevista no art. 171-A sem a obtenção de vantagem ilícita em detrimento de outrem não ofende o bem jurídico tutelado pela norma, logo, a conduta será materialmente atípica.
> (…)
> No final das contas, tem-se uma espécie de delito sui generis que possui estrutura de crime formal, mas necessita da produção do resultado lesivo (obtenção de vantagem ilícita e dano ao patrimônio alheio) para a plena configuração do crime.
> (…)
> Pergunta-se, então, por que razão o legislador preferiu criar um tipo penal específico para a conduta criminalizada do que incluir uma nova qualificadora ou causa de aumento de pena ao estelionato simples. Poderia ter sido inserido, por exemplo, um novo parágrafo ao art. 171, prevendo penas de 4 a 8 anos de reclusão ou o aumento da pena em determinada proporção quando o estelionato fosse cometido mediante utilização de ativos virtuais, valores mobiliários ou ativos financeiros. Essa, inclusive, foi a opção do legislador quando inseriu os dispositivos de fraude eletrônica (art. 171, §2º-A) e de estelionato contra idoso ou vulnerável (art. 171, §4º).[227]

---

[227] BLUM, Renato Opice; GUEIROS, Guilherme. Lei nº 14.478/2022: uma análise do novo tipo penal do art. 171-A do Código Penal. Febraban Tech, 28 dez. 2022. Disponível em: https://febrabantech.febraban.org.br/especialista/renato-opice-blum/lei-n-14478-2022-uma-analise-do-novo-tipo-penal-do-art-171-a-do-codigo-penal. Acesso em: 4 jan. 2023.

Prosseguindo na análise do novo marco regulatório, os crimes contra o sistema financeiro nacional também sofreram pequena modificação, segundo o texto do artigo 11 da novel legislação dos criptoativos, com o acréscimo de um novo sujeito ativo do delito previsto no art. 1º da Lei nº 7.492, de 16 de junho de 1986, qual seja, "a pessoa jurídica que ofereça serviços referentes a operações com ativos virtuais, inclusive intermediação, negociação ou custódia".

A Lei nº 9.613, de 3 de março de 1998, que dispõe sobre os crimes de "lavagem" ou ocultação de bens, direitos e valores, também foi modificada de acordo com a redação do artigo 12 do novo marco regulatório dos criptoativos, conforme abaixo detalhado:

i) Em seu artigo 1º, haverá o acréscimo da pena de 1/3 (um terço) a 2/3 (dois terços) se os crimes definidos naquela lei forem cometidos de forma reiterada, por intermédio de organização criminosa ou "por meio da utilização de ativo virtual";

ii) O artigo 9º, parágrafo único, da mesma lei de lavagem de capitais passará a prever as "prestadoras de serviços de ativos virtuais" como pessoas também sujeitas aos mecanismos de controle criados pela Lei nº 12.683, de 2012;

iii) O artigo 10, inciso II, da lei de lavagem de capitais terá sua redação modificada, com o acréscimo da expressão "ativos virtuais", passando a ser obrigação das pessoas referidas no artigo 9º da mesma lei promoverem a identificação dos clientes e a manutenção de registros das operações envolvendo tais ativos;

iv) Por fim, será acrescido o artigo 12-A à mesma lei, mediante a criação do Cadastro Nacional de Pessoas Expostas Politicamente (CNPEP), a ser regulamentado e disciplinado por ato do Poder Executivo federal, com disponibilização pelo Portal da Transparência, devendo os órgãos e as entidades de quaisquer poderes da União, dos Estados, do Distrito Federal e dos Municípios encaminhar ao gestor do CNPEP, na forma do referido regulamento, informações atualizadas sobre seus integrantes e ex-integrantes classificados como pessoas expostas politicamente (PEPs) na legislação e regulação vigentes.

O artigo 13, *caput*, parágrafos e incisos, da redação original do projeto da nova lei dos criptoativos – alterado quando da sua aprovação final –, continha determinação estabelecendo que as prestadoras de serviços de ativos virtuais deveriam manter a segregação patrimonial dos recursos financeiros, ativos virtuais e respectivos lastros de titularidade própria daqueles detidos por conta e ordem de terceiros, sendo que esses últimos não integrariam o patrimônio e não respondem, direta ou indiretamente, por nenhuma obrigação das pessoas jurídicas prestadoras de serviços de ativos virtuais, bem como não poderiam ser objeto de medidas restritivas como arresto, sequestro, busca e apreensão ou qualquer outro ato de constrição judicial em função de débitos de responsabilidade daquelas pessoas jurídicas.

A redação final do artigo 13 do novo marco legal dos criptoativos limita-se a estabelecer a aplicação das disposições da Lei nº 8.078, de 11 de setembro de 1990 (Código de Defesa do Consumidor) às operações conduzidas no mercado de ativos virtuais, nada dispondo sobre a segregação patrimonial.

Finalmente, o artigo 14 do novo marco regulatório dos criptoativos estabelece a *vacatio legis*, com prazo de 180 (cento e oitenta) dias após a publicação oficial da lei para sua entrada em vigor, o que deverá ocorrer no final do primeiro semestre do ano de 2023.

4.4 Críticas ao novo marco regulatório dos criptoativos no Brasil: cibercidadania e direitos fundamentais e seu necessário alinhamento com as necessidades institucionais investigatórias dos órgãos de persecução criminal

Embora represente uma evolução em termos de legislação até então quase existente no país,[228] entendemos que a nova lei dos criptoativos, recentemente aprovada, ainda é muito genérica, carecendo de posterior regulamentação por órgão ou entidade da Administração Pública Federal – provavelmente o Banco Central do Brasil –, que deverá estabelecer, por exemplo, a definição dos ativos financeiros (principal

---

[228] Conforme Isac Costa, professor de pós graduação em Direito do Ibmec/SP, *in* Revista Veja, a nova lei dos criptoativos "é um primeiro passo importante. Um divisor de águas. É um sinalizador importante porque, por exemplo, as instituições financeiras tradicionais como os bancos estavam aguardando se ter um mínimo de segurança jurídica para poder investir e atuar de forma mais assertiva nesse mercado. Ou seja, com essa lei se tem sinal positivo nesse mercado, que haverá uma regulação e, assim, essas instituições se sentem mais confortáveis em investir em projetos nesse setor. O que poderemos ter é maior diversidade de projetos brasileiros nesse setor. Esse seria um primeiro ponto positivo (…) Um segundo ponto positivo é que as empresas prestadoras desses serviços sabem que, cedo ou tarde, vão ter de se adequar". SANCHES, Neuza. Criptoativos: "Nova lei não impede escândalos como a FTX no Brasil". *Revista Veja*, 15 dez. 2022. Disponível em: https://veja.abril.com.br/coluna/neuza-sanches/criptoativos-nova-lei-nao-impede-escandalos-como-a-ftx-no-brasil/. Acesso em: 15 dez. 2022.

objeto de norma), a regulamentação do funcionamento das operadoras de serviços de ativos virtuais, bem como, na nossa concepção, os mecanismos específicos de prevenção e responsabilização por danos causados aos investidores e consumidores de serviços com ativos virtuais.

Nesse sentido, as lições de Rosenvald e Braga Netto,[229] para quem o novel marco regulatório dos criptoativos não definiu expressamente o órgão ou a entidade responsável pelas tarefas regulatória e fiscalizatória, sendo mais provável a atribuição de tal desiderato ao Banco Central do Brasil, que inclusive poderá, por meio de ato infralegal, definir a questão da segregação patrimonial, impondo o dever de separar o patrimônio das corretoras dos bens de seus clientes:

> A segregação patrimonial consiste, essencialmente, na imposição de separar o que é patrimônio da corretora e o que é do cliente, não podendo a corretora (exchange) manejar o patrimônio do cliente em outras aplicações, por exemplo. Em outras palavras, havendo segregação, a exchange fica obrigada a manter o dinheiro dos usuários (consumidores) isolado dos ativos corporativos dela, corretora (exchange). Assim, caso a corretora fique insolvente, o consumidor poderá reaver seu patrimônio. Sem segregação patrimonial, as corretoras – um mercado que não tem as limitações legais aplicáveis aos bancos, por exemplo – podem aplicar e emprestar recursos dos consumidores, o que é perigoso, como a experiência recente demonstra.
>
> A Lei 14.478/2022 (arts. 2º e 4º) não definiu qual órgão ou entidade da administração pública federal ficará responsável pela tarefa regulatória e fiscalizatória. O mais provável é que venha a ser atribuída ao Banco Central a complexa tarefa de regular a questão em termos infralegais. É até possível – embora polêmico – que a segregação patrimonial (antes mencionada) venha a ser imposta por ato normativo infralegal do BACEN. Aliás, o real impacto da legislação dependerá, em boa medida, da normativa infralegal que virá. A CVM também terá função relevante nesse painel regulatório.

Denota-se que a estratégia adotada pelo legislador do novo marco regulatório, até o momento, é de delegação desses mecanismos de controle para as autoridades financeiras, havendo em seu bojo muitas previsões gerais e diretrizes, tais como práticas de governança e de aplicação das legislações já existentes.

De acordo com pesquisa de opinião formulada por veículo de comunicação idôneo, publicada poucos dias antes da aprovação do novo

---

[229] ROSENVALD, Nelson; NETTO, Felipe Braga. *Op. Cit.*

marco regulatório, a regulação dos criptoativos já era defendida por cerca de 90% (noventa por cento) do mercado brasileiro, principalmente pelos atores do mercado financeiro e especialistas em criptoativos, indicando, por um lado uma visão positiva a respeito do tema, mas por outro lado um desconhecimento de grande parte da população sobre o assunto.[230] Desse modo, o mercado financeiro já enxergava com bons olhos a aprovação do novo marco regulatório dos criptoativos ainda no ano de 2022,[231] o que efetivamente ocorreu.

De uma forma geral, os principais desafios do mercado de criptoativos no Brasil e no mundo, até o momento, podem assim ser sintetizados:

a) Ausência de regulação suficiente do assunto, dado o seu desconhecimento por grande parte da população, inclusive pela classe política;

b) Como consequência do desconhecimento do universo cripto pela população em geral, esse ambiente torna-se complexo para os investidores de varejo, havendo maior possibilidade de inadequação ao seu perfil de risco;

c) Dificuldades de negociação dos *tokens* no mercado secundário, havendo baixa liquidez, se comparada, por exemplo, com os ativos negociados na Bolsa de Valores;

---

[230] De acordo com reportagem da Revista Exame, a regulamentação do mercado de criptoativos é defendida em algum nível por 90% (noventa por cento) dos atores relevantes da sociedade brasileira, como políticos e investidores. De acordo com o levantamento, publicado em 10 de novembro de 2022, 56% (cinquenta e seis por cento) dos entrevistados defendem que o mercado cripto seja totalmente regulado, enquanto 34% (trinta e quatro por cento) preferem que seja parcialmente regulado, e 4% (quatro por cento) são contra a regulação. Para 19% (dezenove por cento) dos entrevistados, a regulamentação dos criptoativos precisa envolver ferramentas de rastreamento, enquanto 11% (onze por cento) citaram a necessidade de legislação específica, 9% (nove por cento) a transparência e 9% (nove por cento) a segurança. Questionados sobre o grau de informação acerca dos criptoativos, 54% (cinquenta e quatro por cento) disseram estar muito informados ou informados sobre criptomoedas, 48% (quarenta e oito por cento) sobre *tokens*, 47% (quarenta e sete por cento) sobre *blockchain*, 32% (trinta e dois por cento) sobre NFTs e 22% (vinte e dois por cento) sobre *fan tokens*. De todos os grupos pesquisados, os parlamentares tiveram a menor proporção de conhecimento sobre cada um desses itens. Além disso, 81% (oitenta e um por cento) dos entrevistados são favoráveis à atuação de reguladores sobre as corretoras de criptomoedas. MALAR, João Pedro. Regulação de criptoativos é defendida por 90% do mercado brasileiro, diz pesquisa. *Revista Exame*, 10 nov. 2022. Disponível em: https://exame.com/future-of-money/regulacao-de-criptoativos-e-defendida-por-90-do-mercado-brasileiro-diz-pesquisa/. Acesso em: 16 dez. 2022.

[231] Lei que regulamenta criptomoedas é prioridade na Câmara, definem Arthur Lira e Ricardo Barros. *Revista Exame*, 20 jul. 2022. Disponível em: https://exame.com/future-of-money/lei-que-regulamenta-criptomoedas-e-prioridade-na-camara-definem-arthur-lira-e-ricardo-barros/. Acesso em: 20 ago. 2022.

d) Frequentes práticas de manipulação de preços, uso indevido de informações privilegiadas e de prestação de informações insuficientes e enganosas;
e) Má qualidade dos ativos *tokenizados* e má gestão dos prestadores de serviços, bem como frequentes casos de insolvência dos prestadores de serviços envolvidos;
f) Possibilidade de facilitar lavagem de dinheiro, sonegação fiscal e evasão de divisas, havendo ainda dificuldade de responsabilizar quem comete fraudes e outros ilícitos.

Assim, mesmo com a vigência do novo marco regulatório dos criptoativos, há perspectivas de manutenção temporária de um ambiente de insegurança jurídica, tanto para as empresas quanto para os investidores de criptoativos, enquanto tais lacunas não forem preenchidas por regulamentos posteriores.[232]

Além da referida previsão de diversos dispositivos com eficácia limitada, a serem regulamentados posteriormente por órgão do Poder Executivo, a norma em análise, embora tenha criado novos tipos penais, não prevê, no aspecto criminal, procedimentos processuais específicos a amparar a atuação dos atores de persecução criminal no combate dos cibercrimes com criptoativos.

Conforme Silveira,[233] as criptomoedas ainda habitam um verdadeiro limbo regulatório no âmbito criminal em todo o mundo, havendo opiniões de autores estrangeiros de que elas simplesmente não poderiam ser utilizadas para fins ilícitos:

> As criptomoedas ainda habitam um limbo jurídico de classificação, e, talvez por isso, criam-se expectativas e lendas sobre as possibilidades de sua utilização. Se isso é verdade hoje, era, ainda mais, nos primeiros dias de sua vida. Existem, v.g., muitas previsões mundo afora em que simplesmente se prega que as moedas virtuais criptografadas não poderiam, simplesmente, ter fins especificamente ilícitos. A pergunta, de plano, diria respeito ao que pode ser destinado a fins ilícitos? Algo pode previamente ter tal destino?

---

[232] Ainda de acordo com Isac Costa, *in* Revista Veja: "Infelizmente, essa nova lei tem valor meramente simbólico neste momento. Nos próximos um ou dois anos, poderá se ter escândalos semelhantes ao da FTX. E qual é o grande problema? Não foi somente a FTX. Existiu uma quebradeira sem fim, que começou com a Celsius (Celsius Network) em maio, entre outras. Pelo menos umas quinze empresas quebraram neste ano". SANCHES, Neuza. Criptoativos: "Nova lei não impede escândalos como a FTX no Brasil". *Revista Veja*, 15 dez. 2022. Disponível em: https://veja.abril.com.br/coluna/neuza-sanches/criptoativos-nova-lei-nao-impede-escandalos-como-a-ftx-no-brasil/. Acesso em: 15 dez. 2022.

[233] SILVEIRA, Renato de Mello Jorge. *Bitcoin e suas fronteiras penais*: em busca do marco penal das criptomoedas. Belo Horizonte: editora D'Plácido, 2018. p. 109-110.

A doutrina Pérez López,[234] ao analisar as reações institucionais na União Europeia aos riscos que os criptoativos apresentam do ponto de vista criminal, apresenta um panorama atualizado da percepção social, reações institucionais e jurisprudenciais sobre o uso de criptomoedas na Espanha, especialmente do ponto de vista de seu uso criminoso no contexto da lavagem de dinheiro.

Ainda de acordo com Pérez López, os primeiros projetos legislativos a tratarem do tema na Europa encontram entraves no caráter descentralizado das principais criptomoedas existentes no mercado, sendo difícil afirmar que a regulação atualmente em tramitação seja suficiente para resolver tal problemática:

> Por su parte, los primeros proyectos legislativos constituyen una reacción ante las posibilidades de las mismas como medio de blanqueo de capitales, que se concreta en un alza de su uso a tal fin (aunque no sólo) por parte de los criminales, especializados o no. La reforma regulatoria europea en marcha por el momento quiere abordar principalmente una faceta de las criptomonedas, esto es, su potencial uso en el marco de las finanzas criminales. Prescindiendo de los problemas técnico-jurídicos de los que tal reforma pueda adolecer, el carácter descentralizado de las principales criptomonedas hace difícil que ésta pueda bastar por sí sola para atajar el problema.[235]

No Brasil, o principal desafio a ser enfrentado pelas autoridades da persecução criminal consiste na criação de mecanismos legais que viabilizem o maior aparelhamento institucional, controle e fiscalização das transações financeiras realizadas com criptoativos, sob a ótica da proteção dos bens jurídicos metaindividuais, mediante o aperfeiçoamento da tipificação material conjuntamente com a criação de instrumentos processuais eficazes no combate aos crimes cibernéticos, permitindo uma atuação mais efetiva dos órgãos de segurança pública e da persecução penal como um todo.

A propósito, Cunha[236] leciona haver três teorias que buscam conceituar e justificar a existência dos bens jurídicos: a primeira, monista

---

[234] PÉREZ LÓPEZ, X. Las criptomonedas: consideraciones generales y empleo de las criptomonedas como instrumento de blanqueo de capitales en la Unión Europea y en España. *Revista De Derecho Penal Y Criminología*, n.18, 141-187, 2019. Recuperado a partir de: https://revistas.uned.es/index.php/RDPC/article/view/24454. Acesso em: 01 nov. 2022.
[235] PÉREZ LÓPEZ, X. *Op. cit.* p. 187.
[236] CUNHA, Rogério Sanches. *Manual de Direito Penal*: parte geral (arts. 1º ao 120). 4. Salvador/Bahia: ed. JusPODIVM, 2017. p. 162-163.

personalista, volta-se à defesa da pessoa, motivo pelo qual são os bens jurídicos individuais que estão protegidos pelo Direito Penal; a segunda, monista coletiva, garante a tutela penal aos interesses metaindividuais ou difusos; e a terceira, dualista, admite ambas as espécies de bens jurídicos, tanto os individuais quanto os coletivos, sendo a proteção deles de modo autônomo, conforme a necessidade em cada esfera de proteção.

Sob esse prisma, entendemos que a terceira teoria, a dualista, é a mais adequada à luz da atual sociedade globalizada e da informação, na qual novos bens jurídicos foram constituídos, demandando proteção e atuação do Direito Penal e Processual Penal, não podendo o legislador se olvidar dessa nova realidade que nos cerca.

De acordo com a doutrina de Araújo,[237] a legislação brasileira ainda possui diversas lacunas, que beneficiam gradativamente aos criminosos, sendo cada vez maior a utilização de tecnologia sofisticada e muitas vezes financiada por grupos terroristas.

Portanto, há a premente necessidade da regulação dos mecanismos que irão embasar as atividades de segurança pública de combate dos crimes envolvendo criptoativos, o que se dará mediante sistematização legislativa nos campos do direito material e processual, que norteará e servirá de instrumento auxiliar estatal na esfera da persecução penal.

Conforme especialistas em criptoativos,[238] referido marco legal regulatório ainda não traz consenso entre os diferentes atores, públicos e privados, envolvidos com a norma.

Como principais pontos positivos da novel legislação dos criptoativos, podemos elencar o inciso VII do art. 4º o qual o legislador expôs, de forma assente, o seu intuito de incluir o Brasil como nação de vanguarda mundial, ao lado de países como os Estados Unidos e a Alemanha, que detêm os melhores padrões internacionais de prevenção à lavagem de dinheiro com criptomoedas. Tratando-se de norma programática, resta a sua regulamentação por meio de instrumentos próprios, como tratados e convenções internacionais.

Da mesma forma, o artigo 10 da mencionada legislação também é de redação elogiável, ao suprir lacunas legislativas importantes, com

---

[237] ARAUJO, Fábio Lucena de. Aspectos jurídicos no combate e prevenção ao ransomware. *Revista da pós-graduação lato sensu em direito da Estácio*, v. 1, n. 1, p. 67-93, 2019. Disponível em: http://revistaadmmade.estacio.br/index.php/latodireito/ article/view/7200. Acesso em: 29 mar. 2022.

[238] Especialistas apontam conquistas e lacunas de PL que regulamenta as criptomoedas no Brasil. *Revista Exame*, 25 jul. 2022. Disponível em: https://exame.com/future-of-money/especialistas-apontam-conquistas-e-lacunas-de-pl-que-regulamenta-as-criptomoedas-no-brasil/. Acesso em: 20 ago. 2022.

a tipificação do crime de estelionato envolvendo criptoativos, sob a denominação "fraude em prestação de serviços de ativos virtuais, valores mobiliários ou ativos financeiros", bem como a inclusão da pessoa jurídica que ofereça serviços referentes a operações com ativos virtuais, inclusive intermediação, negociação ou custódia, como sujeito ativo dos crimes praticados contra o Sistema Financeiro Nacional e, por fim, o acréscimo de pena para os casos do cometimento dos crimes de lavagem ou ocultação de bens direitos e valores envolvendo ativos virtuais.

Na ponta negativa, como já mencionado, podemos citar o caráter principiológico e genérico de muitos dispositivos do novo marco regulatório dos criptoativos, que se tratam em sua maioria de verdadeira norma de eficácia limitada, condicionando a aplicabilidade da maioria dos seus institutos – como a definição dos ativos financeiros abrangidos pela norma e a regulamentação do funcionamento das operadoras de serviços de ativos virtuais – à futura expedição de decreto pelo Poder Executivo federal e à deliberação de órgão ou entidade da Administração Pública Federal.

De acordo com Blum e Gueiros,[239] a norma do novel artigo 171-A do Código Penal, introduzida pelo artigo 10 do novo marco regulatório, emprega o termo "carteiras" para se referir às carteiras digitais ou *e-wallets*, que correspondem a um programa de computador que permite o acesso aos ativos virtuais armazenados na *blockchain*. Entretanto, em razão do princípio da taxatividade do Direito Penal, a lei criminal deve ser clara e precisa, permitindo ao jurisdicionado compreendê-la corretamente, sendo necessário, portanto, a complementação da referida norma por ato normativo que forneça uma definição mais clara da abrangência do tipo penal.

Ademais, o marco legal em análise também não estabelece de forma clara a proteção das *startups*, dos balcões de transação de ponto de ponto (P2P) e das empresas de *exchange* (compra e venda de criptoativos), bem como previa estrategicamente o tema da segregação patrimonial,[240] que foi suprimido antes da aprovação final do novo

---

[239] BLUM, Renato Opice; GUEIROS, Guilherme. *Op. cit.*

[240] Entende-se por segregação patrimonial como sendo uma medida protetiva que exige das corretoras de criptomoedas a manutenção do patrimônio dos seus clientes em um ambiente separado dos ativos corporativos, não podendo a companhia se utilizar desses ativos para a realização de investimentos próprios e de risco, a exemplo da alavancagem. O caso *FTX* foi emblemático para elucidar a extrema necessidade de medidas protetivas no mercado de criptoativos, a exemplo da segregação patrimonial (SILVA, Mariana Maria. Marco Regulatório Cripto é aprovado após 7 anos, mas divide opiniões entre corretoras. *Revista Exame*, 30 nov. 2022. Disponível em: https://exame.com/future-of-money/marco-

marco regulatório, sem a fixação de regras claras que definam quais são os ativos dos clientes e sistemas de proteção desse patrimônio, o que desagradou grande parte do mercado, havendo expectativa de que tal questão seja regulamentada em ato posterior, a ser expedido pelo Banco Central do Brasil.[241]

Ainda a respeito da segregação patrimonial, a doutrina de Uhdre[242] assim manifestou a sua preocupação, corretamente ponderando que, o fato de inexistir dever legal de segregação patrimonial, não significa que os órgãos ou entidades competentes não possam prevê-la, ou mesmo fazer uso de outros mecanismos semelhantes:

> De um lado, tem-se a preocupação, amplificada pelo recente caso da FTX, de que os prestadores de serviços de ativos virtuais uma vez detendo a custódia dos ativos, e na ausência de dever legal de segregá-los relativamente ao seu próprio patrimônio, acabem utilizando-os em operações no mínimo arriscadas. De outro, argumenta-se que dada a variedade de funcionalidades e usos que podem ser dados aos ativos virtuais, impor a necessária segregação pode não só não ser a melhor solução como trazer barreiras desarrazoadas a inovação nesse setor. Pois bem, é de se ponderar que o fato de inexistir dever legal de segregação patrimonial não significa que os órgãos ou entidades competentes não possam prevê-la, ou mesmo fazer uso de outros mecanismos semelhantes, a fim de garantir os interesses dos investidores via-à-vis oportunizar o desenvolvimento de novos produtos inovadores nos setores regulados. Os fundos, a custódia de ações, a securitização de créditos imobiliários são exemplos de operações em que o agente regulador - CVM, no caso - exige referida segregação.

No mais, o marco regulatório dos criptoativos ainda carece da criação de ferramentas mais eficientes para a implementação da política conhecida como *Know Your Costumer* (tradução literal do inglês: Conheça seu Cliente), importante instrumento de prevenção à lavagem de dinheiro e de combate ao financiamento do terrorismo, consistente em um sistema de *compliance* por meio do qual as entidades financei-

---

regulatorio-cripto-e-aprovado-apos-7-anos-mas-divide-opinioes-entre-corretoras/. Acesso em: 07 dez. 2022).

[241] MARTINES, Fernando. Banco Central deve impor a segregação patrimonial no setor de criptomoedas. *Universo Online (UOL)*, 02 dez. 2022. Disponível em: https://portaldobitcoin.uol.com.br/banco-central-deve-impor-a-segregacao-patrimonial-no-setor-de-criptomoedas/. Acesso em: 07 dez. 2022.

[242] UHDRE, Dayana de Carvalho. Breve overview do marco legal dos criptoativos. *Portal Migalhas*, 06 dez. 2022. Disponível em: https://www.migalhas.com.br/depeso/378134/breve-overview-do-marco-legal-dos-criptoativos. Acesso em: 15 dez. 2022.

ras possuem um forte controle sobre quem está operando no mercado de capitais, facilitando a prestação de informações e esclarecimentos, inclusive para fins criminais, que forem necessários.[243] Nesse sentido, as alterações promovidas ao artigo 10 da Lei nº 9.613/1998, com a simples inclusão da expressão "ativos virtuais" ainda são tímidas e não constituem verdadeira inovação às regras já existentes.

O novo marco legal não contribui, pelo menos em um primeiro momento e de forma imediata, com as necessidades institucionais investigatórias dos órgãos de persecução criminal, que demandam normas e garantias processuais para o correto desempenho de suas atividades, incluindo o estabelecimento de mecanismos de cooperação internacional no combate aos cibercrimes com criptoativos, tampouco resguarda os direitos dos adquirentes de criptoativos, no sentido de proporcionar mais segurança no ambiente das transações e franquear a sua participação mediante a criação de um comitê de investidores, a ser ouvido quando da implementação das normas programáticas previstas no projeto.

A propósito, relativamente à proteção dos investidores, acreditamos que toda mudança legislativa carece de um ambiente propício à implementação de eficácia à norma vigente e válida, e esse cenário positivo somente poderá ser construído por meio de arranjos institucionais, bem como da conscientização e da educação da sociedade sobre essa nova modalidade de transação financeira, inclusive com abertura de possibilidade de sua participação na formulação das leis e de sua posterior regulamentação.

Em outras palavras, a criação de um novo marco regulatório deverá ser acompanhada de políticas públicas que possibilitem a mudança cultural do nosso país, protegendo-se, assim, a cidadania nesse novo ambiente tecnológico, conhecida por *cibercidadania*.

Pérez Luño[244] discorre que as novas tecnologias, principalmente decorrentes da internet, ao ingressarem no mundo do Direito, trazem dilemas em torno da cidadania, desdobrando-se em duas vertentes:

---

[243] BALDUCCINI, Bruno. Prevenção à lavagem de dinheiro e combate ao financiamento do terrorismo. *Banco Central do Brasil*, set. 2014. Disponível em: https://www.bcb.gov.br/pom/spb/seminarios/2014_SemArranjos/PrevencaoLavagemDinheiroAbranet.PPT. Acesso em: 06 dez. 2022.

[244] PÉREZ LUÑO, Antonio Enrique. ¿Cibercidadani@ o ciudadani@.com? Barcelona: Gedisa, 2004. p. 100.

Um polo positivo – a cibercidadania – que implica um novo modo mais autêntico e profundo para participação política de vocação planetária; outro polo negativo – cidadania.com – cujo titular permanece como mero sujeito passivo à manipulação de poderes públicos e privados.

Nascimento, Gadenz e La Rue,[245] ao estudarem o conceito de cibercidadania e seus reflexos com base nos ensinamentos de Pérez Luño, vislumbram-na como um direito de terceira geração, com a possibilidade do seu exercício pelos meios virtuais ("teledemocracia"), havendo plena possibilidade de implementação da iniciativa popular pela internet como instrumento de democracia participativa:

> A partir das concepções de Perez Luño (2004, 2012) sobre teledemocracia e cibercidadania, busca-se verificar como a utilização internet pode estimular a participação cidadã e dar novos contornos para a democracia.
> (...)
> A inserção das tecnologias da informação e da comunicação na esfera pública, e consequentemente, nas práticas políticas, originam o que Perez Luño (2004, p. 60) denomina teledemocracia: o conjunto de teorias e de fenômenos relacionados à incidência das novas tecnologias na política ou, em outras palavras, a projeção das novas tecnologias nos processos de participação política das sociedades democráticas.
> (...)
> Para Perez Luño (2012, p. 22-23), a cibercidadania pode ser entendida como um direito de terceira geração. As novas tecnologias permitem um reforço dos valores cívicos e novas formas de exercício dos direitos, bem como contribuem para um aumento do tecido participativo nas sociedades democráticas.
> Ainda de acordo com Perez Luño (2012, p. 41), entre os acontecimentos mais relevantes do presente tanto nas sociedades democráticas quanto nas que lutam para tanto, encontram-se os movimentos sociais expressos no espaço público de maneira significativa em razão dos usos das novas tecnologias. Quer dizer, observa-se que o engajamento político dos indivíduos na rede engendra novas práticas que se coadunam com os ideais de cibercidadania.
> Muito se fala, atualmente, na utilização da internet para possibilitar o exercício de práticas de democracia participativa, a exemplo da apresentação de projetos de lei de iniciativa popular (...).

---

[245] NASCIMENTO, Valéria Ribas do; GADENZ, Danielli; LA RUE, Letícia Almeida. Perspectivas para o exercício da cibercidadania: como a utilização de assinaturas digitais para a subscrição de projetos de lei de iniciativa popular pode contribuir para a democracia? *Revista de Informação Legislativa do Senado Federal*, Ano 51, n. 202, p. 93-114, abr./jun. 2014. Disponível em: https://www2.senado.leg.br/bdsf/bitstream/handle/id/503039/001011316.pdf?sequence=1. Acesso em: 24 abr. 2022.

Bonavides entende democracia como sinônimo de participação popular, sem a qual "democracia é quimera, é utopia, é ilusão, é retórica, é promessa sem arrimo na realidade, sem raiz na história, sem sentido na doutrina, sem conteúdo nas leis".[246]

Dallari[247] ressalta que a participação popular, fundamentada na Constituição Federal de 1988 (art. 14, III), é um direito político inerente à democracia, que garante a todos os indivíduos, isoladamente ou representados por grupos ou associações, não somente a mera representação política, mas também o direito à informação e à defesa direta dos seus interesses, possibilitando ainda a atuação efetiva na gestão dos bens e serviços públicos.

Sob esse aspecto, Dallari distingue entre participação real e participação formal, sendo a primeira caracterizada como a participação popular direta, na criação, incremento e execução das políticas públicas, e a segunda limitada à prática de formalidades que só afetam aspectos secundários do processo político. Portanto, a participação real é a verdadeira participação democrática, que influencia as decisões políticas governamentais de índole fundamental.

Bulos[248] nos traz outro aspecto da democracia, qual seja, o direito à informação, que possibilita o acesso de todos ao conhecimento, que não pode ficar restrito a um grupo determinado ou privilegiado:

> A democracia é um direito fundamental, porque o arbítrio não se imana com o regime das liberdades públicas, que se opõe à força, à brutalidade, ao abuso de poder. O direito de informação, por sua vez, é outra liberdade pública da coletividade. Não se personifica muito menos se dirige a sujeitos determinados. Conecta-se à liberdade de informação, porque todos, sem exceção, têm a prerrogativa de informar e de ser informado. O acesso ao conhecimento não pode ser tido como privilégio de uns, em detrimento de outros. Já o pluralismo político é a composição da sociedade pelos seus diversos segmentos, sendo outro direito fundamental de grande envergadura, no panorama das liberdades públicas.

---

[246] BONAVIDES, Paulo. *Teoria constitucional da Democracia participativa*. 2. ed. São Paulo: Malheiros, 2003. p. 283.

[247] DALLARI, Pedro B. de Abreu. Institucionalização da participação popular nos municípios brasileiros. *Instituto Brasileiro de Administração Pública*, Caderno n. 1, p. 25-27, 1996.

[248] BULOS, 2014, *apud* ALMEIDA, Eneá de Stutz; LEITE, Flavia Piva Almeida; SILVA, Lucas Gonçalves da. *Direitos e Garantias Fundamentais II*. [Recurso eletrônico on-line] organização CONPEDI/UnB/UCB/IDP/UDF, Florianópolis: CONPEDI, 2016. Acesso em: 22 ago. 2022.

Dantas e Capelari Júnior afirmam que, "no espectro político-institucional, há um ciberespaço, que é condição de possibilidade para a cibercultura e, no campo da comunicação política, para a ciberdemocracia".[249]

Ainda para aqueles autores, ao lado da democracia representativa e deliberativa, há um novo modelo democrático, conhecido por Democracia Digital, definida como "uma complexa interação entre tecnologias digitais de comunicação e suas inovações interativas que, cada vez mais, dominam nosso cotidiano e as práticas democráticas, como a representação, a participação e a deliberação política".[250]

Com amparo lição dos autores supracitados, acreditamos que a aprovação de projetos de lei de grande magnitude e relevo, tal como o novo marco regulatório dos criptoativos e sua futura regulamentação, deverá envolver a participação de representantes de todos os atores sociais na discussão do tema, a exemplo de representantes da sociedade civil, dos investidores, das empresas de compra e venda de criptoativos e dos órgãos de persecução penal.

Entendemos, pois, que a aprovação da novel legislação merece ampla difusão e estabelecimento de políticas públicas de conscientização da população acerca dessa nova modalidade de pagamento na sociedade da informação e dos riscos inerentes a essa nova realidade, não a restringindo a um pequeno grupo de empresas e investidores qualificados.

Desse modo, a mera aprovação do novo marco regulatório dos criptoativos, de caráter predominantemente principiológico e genérico, sem uma forte regulamentação posterior, no sentido de torná-lo eficaz em diversos pontos, conforme acima apontamos, torna tal norma insuficiente, até o momento, para o atingimento dos seus objetivos, em especial o combate aos cibercrimes financeiros com criptoativos.

Contudo, a despeito das críticas acima, enxergamos com bons olhos a aprovação do novo marco regulatório dos criptoativos, solução mais acertada para o atual momento de debate do tema, uma vez que a regulação concreta do mercado de criptoativos no Brasil ainda está em sua fase inicial, embrionária, demandando futura regulamentação de pontos específicos posteriormente, por entes especializados, conforme bem ressaltado na doutrina de Uhdre:[251]

---

[249] DANTAS, Marcelo Navarro Ribeiro; CAPELARI JÚNIOR, Osvaldo. Qualidade de democracia e a lei geral de proteção de dados. *Revista ETHIKAI*, n. 7, p. 81, out./nov. 2022.
[250] DANTAS, Marcelo Navarro Ribeiro. *Op. cit.*, p. 90.
[251] UHDRE, Dayana de Carvalho. *Op. cit.*

Em suma, a solução posta pelo legislador para além de ser a possível, nos parece a mais acertada para o atual momento de debate in terra brasilis. Possível, no sentido de apresentar, o projeto, redação que, justamente por não trazer pontos muito extensos e polêmicos, congregou a maioria necessária a sua aprovação. Mais acertada por transferir ao nível infralegal, e aos entes competentes e especializados a tanto, os debates mais profundos e complexos relacionados ao tema. Assim é que, em realidade, a regulação concreta do mercado de criptoativos está só no seu começo.

Filiamo-nos à doutrina de Rosenvald e Braga Netto[252] e entendemos que os desafios regulatórios no setor de criptoativos ainda é imenso, cabendo ao legislador conferir clareza ao mercado e segurança aos usuários, sem inibir, por outro lado, as inovações em uma área essencialmente dinâmica e disruptiva, que infelizmente ainda é vista por muitos com desconfiança e confundida como sinônimo de fraudes e de pirâmides financeiras.

Nesse sentido, é necessário reconhecer que os potenciais regulatórios do Direito são limitados no mercado cripto, uma vez que o Estado pode regulamentar e até controlar as corretoras (*exchanges*), mas o mesmo não pode dizer em relação às criptomoedas (como o *bitcoin*), bens por excelência descentralizados e naturalmente incontroláveis por governos ou outras entidades oficiais, havendo ainda um importante desafio imposto ao Estado em conciliar a regulação das novas tecnologias com a concretização e a manutenção dos avanços nos direitos fundamentais, pautados na ética e na solidariedade humana:

> Nenhum governo ou qualquer outra entidade terá sucesso ao tentar controlá-lo, o que nos parece. Aqui, portanto, o direito pode pouco, novas realidades se impõem e ninguém sabe ao certo os próximos passos disruptivos que virão.
> (…)
> O desafio, hoje, é concretizar os direitos fundamentais – e a solidariedade social – dentro do direito privado (mas não só a nele).
> A IA cada vez mais fará parte de nossas vidas, e de modo profundo. A questão é compatibilizar isso com princípios éticos e respeito aos direitos fundamentais. O desafio é buscar soluções preventivas e funcionais. As reflexões contextualizadas, os diálogos entre as fontes normativas e a teoria dos direitos fundamentais redefinem as respostas jurídicas do século XXI, com forte tom ético e solidarista. O direito, hoje

---

[252] ROSENVALD, Nelson; NETTO, Felipe Braga. *Op. Cit.*

mais que ontem, é aprendizado constante. O que nos serviu ontem não necessariamente servirá hoje – e precisamos todos, individual e coletivamente, ter a sensibilidade para ouvir as respostas do amanhã.[253]

Portanto, a partir de 2023 e nos próximos anos, temos que avançar nos debates atinentes à regulamentação da Lei nº 14.478, de 21 de dezembro de 2022, uma vez que o novo marco regulatório dos criptoativos traz muito mais princípios norteadores do que, de fato, um regramento do comportamento dos operadores de criptoativos.

---

[253] ROSENVALD, Nelson; NETTO, Felipe Braga. Op. Cit.

CONCLUSÕES

A presente obra, longe de esgotar os diversos questionamentos que ainda poderão surgir acerca do tema, propõe a abertura de um debate jurídico-democrático, partindo da premissa de que as operações financeiras com criptoativos decorrem da sociedade da informação e crescem de forma exponencial em todo o mundo, pretendendo, ainda, questionar a ausência de instrumentos legais suficientes no nosso país para amparar adequadamente as instituições públicas no combate a crimes graves, a exemplo da lavagem de dinheiro envolvendo criptoativos.

O advento do metaverso e da sociedade da informação implica uma nova forma de mobilização do poder estatal, por meio da instituição de políticas públicas e da edição de atos normativos regulatórios, que inevitavelmente irão provocar o incremento do poder, da vigilância e da punição sobre os comportamentos individuais, demandando uma especial atenção em relação à comunidade quanto à proteção dos direitos fundamentais dos cidadãos.

A autorregulação dos criptoativos surge como principal impedimento às políticas regulatórias estatais, uma vez que o ambiente *blockchain* é dotado de autorreferibilidade, possuindo uma rede de produção de componentes e estruturas que, como emissora da própria comunicação, opera, por isso mesmo, de forma autorreferencial, implicando autorganização, com elementos produzidos no mesmo sistema.

A intervenção do Estado Democrático e Social de Direito na esfera individual das operações com criptoativos surge como necessária ao tratamento dessa nova forma de relação humana, com promoção do direito fundamental à segurança jurídica, por meio da atuação estatal na ordem econômico-social, sem prejuízo da possibilidade de participação e fiscalização pelos cidadãos.

Nesse sentido, a regulação pode ser encarada como uma imposição de limites jurídicos, mais ou menos rígidos, à atuação dos agentes privados em determinado setor econômico ou social, sobre os quais o mero estabelecimento de limites normativos se mostra insuficiente, exigindo-se, para tal desiderato, uma constante fiscalização sobre o efetivo cumprimento das normas regulatórias e, se necessário, a aplicação de medidas coercitivas destinadas a forçar os destinatários a obedecê-las.

Até a aprovação da Lei nº 14.478, de 21 de dezembro de 2022, o enquadramento dos criptoativos no Brasil era feito exclusivamente por órgãos administrativos do Sistema Financeiro Nacional, a exemplo do Banco Central do Brasil, que afastou a classificação das criptomoedas como moedas de curso legal perante o nosso ordenamento jurídico, e da Receita Federal do Brasil, que já se manifestou pela tributação do imposto de renda no ganho de capital decorrente das transações financeiras com criptoativos.

Em 11 de outubro de 2022, a CVM editou o Parecer de Orientação nº 40/22, que consolidou o entendimento da autarquia sobre as normas aplicáveis aos criptoativos que forem considerados valores mobiliários. Referido documento apresenta limites de atuação do regulador, indicando possíveis formas de normatizar, fiscalizar, supervisionar e disciplinar agentes de mercado, devendo ser visto positivamente, pois denota uma preocupação do Estado na regulação do assunto.

À míngua de uma legislação sólida no Brasil, devemos considerar até que ponto a implementação de políticas públicas governamentais funcionam como instrumentos de combate aos crimes de lavagem de criptoativos, enquadrados na lei de lavagem de dinheiro e outros bens, e que representam graves ilícitos, que merecem atenção especial do Estado, devendo ser regulados pelo direito penal, e não somente pelo direito administrativo sancionador, em razão de suas consequências socioeconômicas nefastas, sendo assente a importância da compreensão dos papéis da Segurança Pública, do Ministério Público e do Poder Judiciário na atuação contra tais crimes.

Com a recente aprovação da Lei nº 14.478/2022, surge uma nova problemática, qual seja, como conciliar as necessidades institucionais de todos os atores envolvidos no assunto, tais como os agentes do mercado financeiro, os órgãos que atuam na persecução criminal e os cidadãos investidores.

Embora represente uma evolução em termos de legislação até então quase existente no país, entendemos que o novo marco regulatório dos criptoativos ainda é muito genérico, carecendo de regulamentação por órgão ou entidade da Administração Pública Federal, que deverá estabelecer, por exemplo, a definição dos ativos financeiros (principal objeto de norma), a regulamentação do funcionamento das operadoras de serviços de ativos virtuais, bem como, na nossa concepção, os mecanismos específicos de prevenção e responsabilização por danos causados aos investidores e consumidores de serviços com ativos virtuais.

Ademais, a questão potencialmente de maior relevância em termos de inovação legislativa, qual seja, a segregação entre o patrimônio das corretoras de ativos e dos clientes, foi excluída do novo marco regulatório dos criptoativos, sendo deixada para posterior regulamentação pelo Poder Executivo.

Denota-se, pois, que a estratégia adotada pelo legislador é de delegação dos mecanismos de controle e de efetivação da norma para as autoridades reguladoras, em um momento posterior, havendo, até o momento, diversas previsões gerais e diretrizes genéricas, tais como práticas de governança e de aplicação das legislações já existentes.

Portanto e em conclusão, entendemos que a recente aprovação do marco regulatório dos criptoativos, Lei nº 14.478, de 21 de dezembro de 2022, norma de grande envergadura social e com conteúdo de natureza civil, criminal (material e processual), econômico e tributário, dentre outros, inclusive mecanismos de cooperação internacional, deverá ser acompanhada de um verdadeiro arranjo institucional, envolvendo um debate contínuo entre representantes do mercado, da sociedade civil e do Estado.

REFERÊNCIAS

1º país a adotar bitcoin como moeda oficial pede paciência após forte queda. *UNIVERSO ONLINE (UOL)*, 20 jun. 2022. Disponível em: https://economia.uol.com.br/noticias/redacao/2022/06/20/primeiro-pais-a-aceitar-bitcoin-como-moeda-oficial-pede-paciencia-com-queda.htm. Acesso em: 22 ago. 2022.

ARAGON, Matheus. *Criptomoeda*: uma análise da utilização do Bitcoin na sociedade contemporânea. Instituto Federal de Santa Catarina. Florianópolis/SC: 2018. Disponível em: https://repositorio.ifsc.edu.br/bitstream/handle/123456789/394/TCC%20-%20Matheus%20Aragon.pdf?sequence=1&isAllowed=y. Acesso em: 29 mar. 2022.

ABDALA, Vitor. PF faz nova operação contra fraude bilionária envolvendo o 'faraó dos bitcoins'. *Jornal Folha de São Paulo*, 11 ago. 2022. Disponível em: https://www1.folha.uol.com.br/mercado/2022/08/pf-faz-nova-operacao-contra-fraude-bilionaria-envolvendo-o-farao-dos-bitcoins.shtml. Acesso em: 22 ago. 2022.

ANDRADE, Matheus. Sam Bankman-Fried, ex-CEO da FTX, é preso nas Bahamas. *Jornal Estado de São Paulo*, 13 dez. 2022. Disponível em: https://www.estadao.com.br/economia/ftx-falencia-ex-ceo-preso-bahamas-npre/. Acesso em: 13 dez. 2022.

ARAUJO, Fábio Lucena de. Aspectos jurídicos no combate e prevenção ao ransomware. *Revista da pós-graduação lato sensu em direito da Estácio*, v. 1, n. 1, p. 67-93, 2019. Disponível em: http://revistaadmmade.estacio.br/index.php/latodireito/ article/view/7200. Acesso em: 29 mar. 2022.

As 10 Principais Altcoins: Outras Criptomoedas Rumo à lua com o Bitcoin. *Portal Binance*, 10 dez. 2021. Disponível em: https://www.binance.com/pt-BR/blog/all/as-10-principais-altcoins-outras-criptomoedas-rumo-%C3%A0-lua-com-o-bitcoin-421499824684903161. Acesso em: 21 jun. 2022.

As 15 maiores economias do mundo. *Portal GOV*, 11 nov. 2021. Disponível em: https://www.gov.br/funag/pt-br/ipri/publicacoes/estatisticas/as-15-maiores-economias-do-mundo. Acesso em: 15 maio 2022.

ASSIS, João Pedro Ribeiro; PEIXOTO, Tâmara Oliveira. As criptmoedas na integralização de capital em sociedades empresárias. *Consultor Jurídico*, 09 jan. 2021. Disponível em: https://www.conjur.com.br/2021-jan-09/opiniao-criptomoedas-capital-sociedades-empresarias. Acesso em: 20 set. 2022.

BALLARDIN, Daniele Soldarelli. *Criptoativos e lavagem de capitais*: o que não querem que você saiba. 1. ed. Rio de Janeiro: Editora Lumen Juris, 2022.

BALDUCCINI, Bruno. Prevenção à lavagem de dinheiro e combate ao financiamento do terrorismo. *Banco Central do Brasil*, set. 2014. Disponível em: https://www.bcb.gov.br/pom/spb/seminarios/2014_SemArranjos/PrevencaoLavagemDinheiroAbranet.PPT. Acesso em: 06 dez. 2022.

BARBOSA, Marco Antonio. Pluralismo jurídico na sociedade da informação. *Direitos Fundamentais & Justiça*, Porto Alegre, ano 6, n. 20, p. 114-134, jul./set. 2012.

BATICH, Filipe Lovato; EL RAFIH, Rhasmye. Crimes cibernéticos e a Convenção de Budapeste. *Consultor Jurídico*, 07 mar. 2022. Disponível em: https://www.conjur.com.br/2022-mar-07/opiniao-crimes-ciberneticos-convencao-budapeste. Acesso: em 30 nov. 2022.

BECHARA, Fábio Ramazzini. Desafios na Investigação de Organizações Criminosas: meios de obtenção de prova; relatório de inteligência financeira. *Revista Jurídica ESMP-SP*, v.10, p. 159-186, 2016.

BECHARA, Fábio Ramazzini. *Cooperação jurídica internacional em matéria penal*: eficácia da prova produzida no exterior. São Paulo: Ed. Saraiva, 2011.

BECHARA, Fábio Ramazzini; FLORES, Dimitri Molina. Crimes cibernéticos: qual é o lugar do crime para fins de aplicação da pena e determinação da competência jurisdicional? *Revista Direito Mackenzie*, São Paulo, v. 13, n. 2, p. 1-21, 2019.

BLACKBURN, Simon. *Dicionário Oxford de filosofia*. Rio de Janeiro: Editora Jorge Zahar, 1997.

BLUM, Renato Opice; GUEIROS, Guilherme. Lei nº 14.478/2022: uma análise do novo tipo penal do art. 171-A do Código Penal. Febraban Tech, 28 dez. 2022. Disponível em: https://febrabantech.febraban.org.br/especialista/renato-opice-blum/lei-n-14478-2022-uma-analise-do-novo-tipo-penal-do-art-171-a-do-codigo-penal. Acesso em: 4 jan. 2023.

BLUNDELL-WIGNALL, Adrian. The Bitcoin Question: Currency versus Trust-less Transfer Technology. OECD Working Papers on Finance, Insurance and Private Pensions. *OECD Publishing*, Paris, n. 37, 2014. Disponível em: https://doi.org/10.1787/5jz2pwjd9t20-en. Acesso em: 29 mar. 2022.

BOBBIO, Norberto. *Estado, Governo, Sociedade*: para uma teoria geral da política. 14. ed. São Paulo: Editora Paz e Terra, 2007.

BOBBIO, Norberto. *Teoria Geral da Política*. A filosofia política e as Lições dos Clássicos. 32. ed. São Paulo: Editora Elsevier, 2000.

BONAVIDES, Paulo. *Direitos Fundamentais e Justiça n. 3*. A quinta geração dos Direitos Fundamentais. Abr./jun. 2008.

BONAVIDES, Paulo. *Teoria constitucional da Democracia participativa*. 2. ed. São Paulo: Malheiros, 2003.

BORGES, Rodrigo Caldas de Carvalho; OLIVEIRA, Alan Gonçalves de. Tokenização de ativos e os desafios regulatórios. *In*: COSTA, Isac Silveira da; PRADO, Viviane Muller; GRUPENMACHER, Giovana Treiger (orgs.). *Cryptolaw*: inovação, direito e desenvolvimento. São Paulo: Editora Almedina, 2020.

BRASIL. CÂMARA DOS DEPUTADOS. *Projeto de Lei nº 1300, de 2022*. Altera o Decreto-Lei nº 2.848, de 7 de dezembro de 1940, que dispõe sobre o Código Penal – Do Estelionato e outras Fraudes, acrescentando inciso VII ao art. 171. Disponível em: https://www.camara.leg.br/proposicoesWeb/prop_mostrarintegra?codteor=2172500. Acesso em: 20 ago. 2022.

BRASIL. CÓDIGO CIVIL DE 2002. *Lei nº 10.406, de 10 de janeiro de 2002*. Institui o Código Civil. Casa Civil, DF, 10 jan. 2022. Disponível em: http://www.planalto.gov.br/ccivil_03/leis/2002/l10406compilada.htm. Acesso em: 30 mar. 2022.

BRASIL. GOVERNO FEDERAL. *Decreto nº 9.637, de 26 de dezembro de 2018*. Institui a Política Nacional de Segurança da Informação, dispõe sobre a governança da segurança da informação, e altera o Decreto nº 2.295, de 04 de agosto de 1997, que regulamenta o disposto no art. 24, caput, inciso IX, da Lei nº 8.666, de 21 de junho de 1993, e dispõe sobre a dispensa de licitação nos casos que possam comprometer a segurança nacional.

Diário Oficial da União. Disponível em: https://www.in.gov.br/materia/-/asset_publisher/Kujrw0TZC2Mb/content/id/56970098/do1-2018-12-27-decreto-n-9-637-de-26-de-dezembro-de-2018-56969938. Acesso em: 20 ago. 2022.

BRASIL. GOVERNO FEDERAL. *Decreto nº 10.222, de 05 de fevereiro de 2020*. Aprova a Estratégia Nacional de Segurança Cibernética. Diário Oficial da União, DF, 06 fev. 2020. Disponível em: https://www.in.gov.br/en/web/dou/-/decreto-n-10.222-de-5-de-fevereiro-de-2020-241828419. Acesso em: 20 ago. 2022.

BRASIL. GOVERNO FEDERAL. Segurança Pública: Governo Federal lança Plano Tático de combate a crimes cibernéticos. *Portal GOV*, 23 mar. 2022. Disponível em: https://www.gov.br/pt-br/noticias/justica-e-seguranca/2022/03/governo-federal-lanca-plano-tatico-de-combate-a-crimes-ciberneticos. Acesso em: 30 mar. 2022.

BRASIL. *Lei federal nº 12.737, de 30 de novembro de 2022*. Dispõe sobre a tipificação criminal de delitos informáticos; altera o Decreto-Lei nº 2.848, de 7 de dezembro de 1940 - Código Penal; e dá outras providências. Casa Civil. Disponível em: https://www.planalto.gov.br/ccivil_03/_ato2011-2014/2012/lei/l12737.htm. Acesso em: 30 nov. 2022.

BRASIL. *Lei federal nº 12.865, de 9 de outubro de 2013*. Autoriza o pagamento de subvenção econômica aos produtores da safra 2011/2012 de cana-de-açúcar e de etanol que especifica e o financiamento da renovação e implantação de canaviais com equalização da taxa de juros; dispõe sobre os arranjos de pagamento e as instituições de pagamento integrantes do Sistema de Pagamentos Brasileiro (SPB); autoriza a União a emitir, sob a forma de colocação direta, em favor da Conta de Desenvolvimento Energético (CDE), títulos da dívida pública mobiliária federal; estabelece novas condições para as operações de crédito rural oriundas de, ou contratadas com, recursos do Fundo Constitucional de Financiamento do Nordeste (FNE); altera os prazos previstos nas Leis nº 11.941, de 27 de maio de 2009, e nº 12.249, de 11 de junho de 2010; autoriza a União a contratar o Banco do Brasil S.A. ou suas subsidiárias para atuar na gestão de recursos, obras e serviços de engenharia relacionados ao desenvolvimento de projetos, modernização, ampliação, construção ou reforma da rede integrada e especializada para atendimento da mulher em situação de violência; disciplina o documento digital no Sistema Financeiro Nacional; disciplina a transferência, no caso de falecimento, do direito de utilização privada de área pública por equipamentos urbanos do tipo quiosque, trailer, feira e banca de venda de jornais e de revistas; altera a incidência da Contribuição para o PIS/Pasep e da Cofins na cadeia de produção e comercialização da soja e de seus subprodutos; altera as Leis nºs 12.666, de 14 de junho de 2012, 5.991, de 17 de dezembro de 1973, 11.508, de 20 de julho de 2007, 9.503, de 23 de setembro de 1997, 9.069, de 29 de junho de 1995, 10.865, de 30 de abril de 2004, 12.587, de 3 de janeiro de 2012, 10.826, de 22 de dezembro de 2003, 10.925, de 23 de julho de 2004, 12.350, de 20 de dezembro de 2010, 4.870, de 1º de dezembro de 1965 e 11.196, de 21 de novembro de 2005, e o Decreto nº 70.235, de 6 de março de 1972; revoga dispositivos das Leis nºs 10.865, de 30 de abril de 2004, 10.925, de 23 de julho de 2004, 12.546, de 14 de dezembro de 2011, e 4.870, de 1º de dezembro de 1965; e dá outras providências. Casa Civil. Disponível em: http://www.planalto.gov.br/ccivil_03/_ato2011-2014/2013/lei/l12865.htm. Acesso em: 08 out. 2022.

BRASIL. *Lei federal nº 12.965, de 23 de abril de 2014*. Estabelece princípios, garantias, direitos e deveres para o uso da Internet no Brasil. Secretaria-Geral. Disponível em: https://www.planalto.gov.br/ccivil_03/_ato2011-2014/2014/lei/l12965.htm. Acesso em: 30 nov. 2022.

BRASIL. *Lei nº 13.709, de 14 de agosto de 2018*. Lei Geral de Proteção de Dados Pessoais (LGPD). Secretaria-Geral, DF, 14 ago. 2018. Disponível em: http://www.planalto.gov.br/ccivil_03/_ato2015-2018/2018/lei/l13709.htm. Acesso em: 22 ago. 2022.

BRASIL. *Lei federal nº 13.974, de 7 de janeiro de 2020*. Dispõe sobre o Conselho de Controle de Atividades Financeiras (Coaf), de que trata o art. 14 da Lei nº 9.613, de 3 de março de 1998. Secretaria-Geral, DF, 14 ago. 2018. Disponível em: https://www.planalto.gov.br/ccivil_03/_ato2019-2022/2020/lei/l13974.htm. Acesso em: 20 dez. 2022.

BRASIL. *Lei federal nº 14.155, de 27 de maio de 2021*. Altera o Decreto-Lei nº 2.848, de 7 de dezembro de 1940 (Código Penal), para tornar mais graves os crimes de violação de dispositivo informático, furto e estelionato cometidos de forma eletrônica ou pela internet; e o Decreto-Lei nº 3.689, de 3 de outubro de 1941 (Código de Processo Penal), para definir a competência em modalidades de estelionato. Secretaria-Geral, DF. Disponível em: http://www.planalto.gov.br/ccivil_03/_ato2019-2022/2021/lei/L14155.htm. Acesso em: 30 nov. 2022.

BRASIL. *Lei nº 14.478, de 21 de dezembro de 2022*. Dispõe sobre diretrizes a serem observadas na prestação de serviços de ativos virtuais e na regulamentação das prestadoras de serviços de ativos virtuais; altera o Decreto-Lei nº 2.848, de 7 de dezembro de 1940 (Código Penal), para prever o crime de fraude com a utilização de ativos virtuais, valores mobiliários ou ativos financeiros; e altera a Lei nº 7.492, de 16 de junho de 1986, que define crimes contra o sistema financeiro nacional, e a Lei nº 9.613, de 3 de março de 1998, que dispõe sobre lavagem de dinheiro, para incluir as prestadoras de serviços de ativos virtuais no rol de suas disposições. Diário Oficial da União, DF, Edição n. 240, Seção 1, p. 3, 22 dez. 2022. Disponível em: https://www.in.gov.br/en/web/dou/-/lei-n-14.478-de-21-de-dezembro-de-2022-452739729. Acesso em: 22 dez. 2022.

BRASIL. MINISTÉRIO DA ECONOMIA. *CVM divulga Parecer de Orientação sobre criptoativos e o mercado de valores mobiliários*. Disponível em: https://www.gov.br/economia/pt-br/orgaos/orgaos-colegiados/conselho-de-recursos-do-sistema-financeiro-nacional/acesso-a-informacao/noticias/2022/cvm-divulga-parecer-de-orientacao-sobre-criptoativos-e-o-mercado-de-valores-mobiliarios. Acesso em: 18 out. 2022.

BRASIL. MINISTÉRIO DA ECONOMIA. *Ofício Circular SEI nº 4081/2020/ME*. Brasília, 1º de dezembro de 2020. Disponível em: https://www.gov.br/economia/pt-br/assuntos/drei/legislacao/arquivos/OfcioCircular4081criptomoedas.pdf. Acesso em: 20 set. 2022.

BRASIL. MINISTÉRIO DA JUSTIÇA. Polícia Federal cria unidade especial para intensificar a repressão a crimes cibernéticos. *Portal GOV*, 28 jun. 2022. Disponível em: https://www.gov.br/mj/pt-br/assuntos/noticias/policia-federal-cria-unidade-especial-para-intensificar-a-repressao-a-crimes-ciberneticos. Acesso em: 23 ago. 2022.

BRASIL. RECEITA FEDERAL. *Instrução Normativa Rfb nº 1888, de 03 de maio de 2019*. Diário Oficial da União, DF, seção 1, p. 14, 07 maio 2019. Disponível em: http://normas.receita.fazenda.gov.br/sijut2consulta/link.action?visao=anotado&idAto=100592. Acesso em: 30 mar. 2022.

BRASIL. SENADO FEDERAL. Combate ao cibercrime é urgente, afirmam especialistas na CCT. *Senado Notícias*, 15 dez. 2021. Disponível em: https://www12.senado.leg.br/noticias/materias/2021/12/15/combate-ao-cibercrime-e-urgente-afirmam-especialistas-na-cct. Acesso em: 22 maio 2022.

BRASIL. SENADO FEDERAL. *Decreto Legislativo nº 37 de 16 de dezembro de 2021*. Aprova o texto da Convenção sobre o Crime Cibernético, celebrada em Budapeste, em 23 de novembro de 2001. Disponível em: https://legis.senado.leg.br/norma/35289207. Acesso em: 22 ago. 2022.

BRASIL. SENADO FEDERAL. *Projeto de Lei nº 236, de 2012*. Reforma do Código Penal Brasileiro. Disponível em: https://www25.senado.leg.br/web/atividade/materias/-/materia/106404. Acesso em: 04 nov. 2022.

BRASIL. SENADO FEDERAL. *Projeto de Lei n° 3825, de 2019*. Disciplina os serviços referentes a operações realizadas com criptoativos em plataformas eletrônicas de negociação. Disponível em: https://www25.senado.leg.br/web/atividade/materias/-/materia/137512. Acesso em: 30 mar. 2022.

BRASIL. SENADO FEDERAL. *Projeto de Lei nº 3.706, de 2021*. Acrescenta os arts. 24-A e 24-B na Lei nº 7.492, de 16 de junho de 1986, para tipificar a constituição de pirâmide financeira e a intermediação ou a negociação de criptoativos com o objetivo de praticar crimes. Disponível em: https://www25.senado.leg.br/web/atividade/materias/-/materia/150410. Acesso em: 29 mar.2022.

BRASIL. SENADO FEDERAL. *Projeto de Lei nº 3.825, de 2019*. Disciplina os serviços referentes a operações realizadas com criptoativos em plataformas eletrônicas de negociação. Disponível em: https://www25.senado.leg.br/web/atividade/materias/-/materia/137512. Acesso em: 29 mar. 2022.

BRASIL. SUPERIOR TRIBUNAL DE JUSTIÇA. *Recurso Especial nº 1.696.214/SP*. EMENTA: "Recurso especial. Ação de obrigação de fazer. Pretensão exarada por empresa que efetua intermediação de compra e venda de moeda virtual (no caso, bitcoin) de obrigar a instituição financeira a manter contrato de conta-corrente. Encerramento de contrato, antecedido por regular notificação. Licitude. Recurso especial improvido. Rel. Min. Marco Aurélio Bellizze, 09 out. 2018, DJe 16 out. 2018. Disponível em: https://scon.stj.jus.br/SCON/jurisprudencia/toc.jsp?livre=201702244334.REG. Acesso em: 12 maio 2022.

BUCCI, Maria Paula Dallari. As políticas públicas e o Direito Administrativo. *Revista Trimestral de Direito Público*, São Paulo, Saraiva, n. 13, 2002.

BUCCI, Maria Paula Dallari. *O conceito de política pública em direito*. Disponível em: https://edisciplinas.usp.br/pluginfile.php/5066888/mod_resource/content/1/BUCCI_Maria_Paula_Dallari._O_conceito_de_politica_publica_em_direito.pdf. Acesso em: 20 ago. 2022.

BUFFON, Jaqueline Ana. *Agente Infiltrado Virtual*. 2ª Câmara de Coordenação e Revisão, Criminal. Revista do Ministério Público Federal (MPF), Brasília, Coletânea de artigos, v. 3, p. 74-91, 2018. 275 p. Disponível em: https://memorial.mpf.mp.br/nacional/vitrine-virtual/publicacoes/crimes-ciberneticos-coletanea-de-artigos. Acesso em: 22 ago. 2022.

BULOS, 2014, *apud* ALMEIDA, Eneá de Stutz; LEITE, Flavia Piva Almeida; SILVA, Lucas Gonçalves da. *Direitos e Garantias Fundamentais II*. [Recurso eletrônico on-line] organização CONPEDI/UnB/UCB/IDP/UDF, Florianópolis: CONPEDI, 2016. Acesso em: 22 ago. 2022.

CÂMARA, Edna Torres Felício. *Os dilemas do Estado em rede na era da informação: articulações entre o direito ao desenvolvimento e a liberdade informática*. Tese (Doutorado em Direito das Relações Sociais) – Faculdade de Direito, Universidade Federal do Paraná, Curitiba, 2017. p. 131-137. Disponível em: https://acervodigital.ufpr.br/handle/1884/55082. Acesso em: 15 ago. 2022.

CAMPILONGO, Celso Fernandes. *Direito e democracia*. 2. ed. São Paulo: Max Limonad, 2000.

CASTILHO, Ricardo. *Direitos Humanos*. 2. ed. São Paulo: Saraiva, 2013.

CASTRO, Ana Lara Camargo de. Crimes cibernéticos e óbices ao cumprimento do Acordo de Cooperação Internacional (MLAT) com base nos standards de causa provável e liberdade de expressão no Direito estadunidense. *Revista do Ministério Público do Estado do Rio de Janeiro*, nº 76, abr./jun. 2020. Disponível em: https://www.mprj.mp.br/documents/20184/1904621/Ana_Lara_Camargo_de_Castro.pdf. Acesso em; 22 ago. 2022.

CAVALI, Marcelo Costenaro. *Manipulação do Mercado de Capitais*: fundamentos e limites da repressão penal e administrativa. 1. ed. São Paulo: Editora Quartier Latin, 2018.

China proíbe mineração e declara ilegais transações com criptomoedas no país. *CNN BRASIL*, 24 set. 2021. Disponível em: https://www.cnnbrasil.com.br/business/china-amplia-restricoes-e-proibe-mineracao-de-criptomoedas-em-todo-o-pais/. Acesso em: 12 jul. 2022.

CHIPOLINA, Scott; JONES, Huw; WILSON, Tom. UE chega a acordo histórico para regular 'terra sem lei' das criptomoedas; entenda. *Jornal Folha de São Paulo*, 01º jul. 2022. https://www1.folha.uol.com.br/mercado/2022/07/ue-chega-a-acordo-historico-para-regular-terra-sem-lei-das-criptomoedas-entenda.shtml. Acesso em: 20 ago. 2022.

CNIL. Data Protection Around the World. Disponível em: https://www.cnil.fr/en/data-protection-around-the-world. Acesso em: 22 ago. 2022.

Como minerar bitcoin? Entenda o processo de mineração de criptomoedas. *Revista Exame*, 21 jul. 2022. Disponível em: https://exame.com/invest/guia/bitcoin-mining-saiba-como-funciona-a-mineracao-de-bitcoin/. Acesso em: 12 ago. 2022.

COPETTI SANTOS, André Leonardo. Políticas Públicas e tratamento da criminalidade numa sociedade democrática. *Revista do Direito UNISC* (Universidade de Santa Cruz do Sul), n. 33, p. 3-18, jan./jun. 2010.

COSTA, Isac. CVM emite parecer de orientação sobre criptoativos: e agora? *Consultor Jurídico*, 17 out. 2022. Disponível em: https://www.conjur.com.br/2022-out-17/isac-costa-cvm-parecer-orientacao-criptoativos. Acesso em: 19 out. 2022.

CRESPO, Marcelo. Crimes Digitais: do que estamos falando? *Canal Ciências Criminais*, 11 ago. 2022. Disponível em: http://canalcienciascriminais.com.br/artigo/crimes-digitais-do-que-estamos-falando/. Acesso em: 23 ago. 2022.

CRUZ, André Santa; REMOR, Ivan Pereira. Crimes com criptomoedas: competência da Justiça estadual ou da Justiça federal? *Consultor Jurídico*, 07 ago. 2020. Disponível em: https://www.conjur.com.br/2020-ago-07/santa-cruz-remor-competencia-crimes-envolvendo-criptomoedas. Acesso em: 23 ago. 2022.

CUNHA, Rogério Sanches. *Manual de Direito Penal*: parte geral (arts. 1º ao 120). 4. Salvador/Bahia: ed. JusPODIVM, 2017. p. 162-163.

CUNHA, Rogério Sanches. Fraude com a utilização de ativos virtuais, valores mobiliários ou ativos financeiros – Lei 14.478/22: breves comentários. Meu Site jurídico, 27 dez. 2022. Disponível em: https://meusitejuridico.editorajuspodivm.com.br/2022/12/27/fraude-com-a-utilizacao-de-ativos-virtuais-valores-mobiliarios-ou-ativos-financeiros-lei-14-478-22-breves-comentarios/. Acesso em 28 dez.2022.

CUNHA FILHO, Marcelo de Castro. *Bitcoin e Confiança*: análise empírica de como as instituições importam. 1. ed. Belo Horizonte: editora D'Plácido, 2021.

CVM – Comissão de Valores Mobiliários. *Ofertas/Atuações irregulares*. Disponível em: https://conteudo.cvm.gov.br/menu/investidor/alertas/ofertas_atuacoes_irregulares.html. Acesso em: 18 out. 2022.

CVM – Comissão de Valores Mobiliários. *Parecer de Orientação CVM 40, de 11 out.2022, DOU de 14 out. 2022*. Disponível em: https://conteudo.cvm.gov.br/legislacao/pareceres-orientacao/pare040.html. Acesso em: 18 out. 2022.

DALLARI, Pedro B. de Abreu. Institucionalização da participação popular nos municípios brasileiros. *Instituto Brasileiro de Administração Pública*, Caderno n. 1, p. 13-51,1996.

DANTAS, Marcelo Navarro Ribeiro; CAPELARI JÚNIOR, Osvaldo. Qualidade de democracia e a lei geral de proteção de dados. *Revista ETHIKAI*, n. 7, p. 80-101, out./nov. 2022.

BECHARA, Fábio Ramazzini. *Cooperação* DURAN, Camila Villard; STEINBERG, Daniel Fideles; CUNHA FILHO, Marcelo de Castro. Ativos Virtuais no Brasil: o que são e como regular? Recomendações ao Projeto de Lei 2060/2019. *In*: COSTA, Isac Silveira da; PRADO, Viviane Muller; GRUPENMACHER, Giovana Treiger (orgs.). *Cryptolaw*: inovação, direito e desenvolvimento. São Paulo: Editora Almedina, 2020.

DWORKIN, Ronald. *Los derechos en serio*. Traducción de Marta Guastavino. 2. ed. Barcelona: Ariel Derecho, 1989.

EILBERG, Daniela Dora et al. Os cuidados com a Convenção de Budapeste. *Portal Jota*, 08 jul. 2021. Disponível em: https://www.jota.info/opiniao-e-analise/colunas/agenda-da-privacidade-e-da-protecao-de-dados/os-cuidados-com-a-convencao-de-budapeste-08072021. Acesso em: 30 nov. 2022.

ELLIOTT, Jennifer; JENKINSON, Nigel. O risco cibernético é a nova ameaça à estabilidade financeira. *IMF Blog*, 07 dez. 2020. Disponível em: https://www.imf.org/pt/News/Articles/2020/12/07/blog-cyber-risk-is-the-new-threat-to-financial-stability. Acesso em: 20 ago. 2022.

Especialistas apontam conquistas e lacunas de PL que regulamenta as criptomoedas no Brasil. *Revista Exame*, 25 jul. 2022. Disponível em: https://exame.com/future-of-money/especialistas-apontam-conquistas-e-lacunas-de-pl-que-regulamenta-as-criptomoedas-no-brasil/. Acesso em: 20 ago. 2022.

ESTELLITA, Heloísa. Bitcoin e lavagem de dinheiro: uma aproximação. *In*: COSTA, Isac Silveira da; PRADO, Viviane Muller; GRUPENMACHER, Giovana Treiger (orgs.). *Cryptolaw*: inovação, direito e desenvolvimento. São Paulo: Editora Almedina, 2020.

ESTELLITA, Heloísa. Criptomoedas e lavagem de dinheiro. Resenha. *Revista de Direito GV*, São Paulo, v. 16, n. 1, p. 1-13, 2020. Disponível em: https://www.scielo.br/j/rdgv/a/5ZM5yQPnV5yV3jQyDZyVCSR/?lang=pt. Acesso em: 30 mar. 2022.

EUA, Japão, Índia e Austrália criam grupo de cibersegurança. *Ciso Advisor*, 28 set. 2021. Disponível em: https://www.cisoadvisor.com.br/eua-japao-india-e-australia-lancam-grupo-de-ciberseguranca/. Acesso em: 20 ago. 2022.

EUROPOL. *Sobre a Europol*. Disponível em: https://www.europol.europa.eu/about-europol:pt. Acesso em: 22 ago. 2022.

FABRETTI, Humberto Barrionuevo. *Segurança Pública*: Fundamentos jurídicos para uma abordagem constitucional. São Paulo: editora Atlas, 2014.

FABRETTI, Humberto Barrionuevo; SMANIO, Gianpaolo Poggio. *Direito Penal*: parte geral. São Paulo: editora Atlas, 2019.

FEBBRAJO, Alberto, LIMA, Fernando Rister de Sousa. *Autopoiese*. Enciclopédia jurídica da PUC-SP. Celso Fernandes Campilongo, Alvaro de Azevedo Gonzaga e André Luiz Freire (coords.). Tomo: Teoria Geral e Filosofia do Direito. Celso Fernandes Campilongo, Alvaro de Azevedo Gonzaga, André Luiz Freire (coord. de tomo). 1. ed. São Paulo: Pontifícia Universidade Católica de São Paulo, 2017. Disponível em: https://enciclopediajuridica.pucsp.br/verbete/152/edicao-1/autopoiese. Acesso em: 12 out. 2022.

FEIGELSON, Bruno; ARAÚJO, Bernardo. Capte-me, Rapte-me, Adapte-me: a complexidade da proteção de dados pessoais em blockchains. *In*: COSTA, Isac Silveira da; PRADO, Viviane Muller; GRUPENMACHER, Giovana Treiger (orgs.). *Cryptolaw*: inovação, direito e desenvolvimento. São Paulo: Editora Almedina, 2020. p. 207-227.

FERNANDES, Paulo Silva. *Globalização, sociedade de risco e o futuro do direito penal*: panorâmica de alguns problemas comuns. Coimbra: Almedina, 2001.

FERRAZ JUNIOR, Tércio Sampaio. *Introdução ao estudo do direito*: técnica, decisão, dominação. 8. ed. São Paulo: editora Atlas, 2015.

FERREIRA FILHO, Manoel Gonçalves. *Curso de direito constitucional*. 27. ed. São Paulo: Saraiva, 2001.

FLORÊNCIO, M. A.; BARRICELLI ZANON, P. (2021). Novos contornos jurídico institucionais de controle da lavagem de dinheiro no Brasil. *Delictae Revista De Estudos Interdisciplinares Sobre O Delito*, v. 6, n. 11. Disponível em: https://doi.org/10.24861/25265180.v6i11.161. Acesso em: 01 nov. 2022.

FLORÊNCIO FILHO, Marco Aurélio. Abolicionismo × Direito Penal Mínimo: A Doutrina Garantista Como Opção Para (RE)Legitimação do Sistema Penal. *Revista Ideia Nova*, Recife, Ano 5, n. 3, 2007.

FONSECA, João Bosco Leopoldino da. *Direito Econômico*. Rio de Janeiro: editora Forense, 2010.

FOUCAULT, Michel. *Microfísica do poder*. Organização e tradução de Roberto Machado. 23. ed. São Paulo: editora Graal, 2004.

FRANÇA, Erasmo Valladão Azevero e Novaes; ADAMEK, Marcelo Vieira von; ALVES, Giulia Ferrigno Poli Ide. *Breves reflexões sobre o uso de criptoativos para integralização do capital social e os ulteriores desdobramentos societários*. *In*: PINTO, Alexandre Evaristo; EROLES, Pedro; MOSQUERA, Roberto Quiroga (coords.). *Criptoativos*: Estudos Estudos Regulatórios e Tributários. São Paulo: Editora Quartier Latin, 2021.

GAMA, Carolina. Xangai desafia proibição da China e reconhece legitimidade do bitcoin (BTC); entenda o caso. *Revista Seu Dinheiro*, 12 maio 2022. Disponível em: https://www.seudinheiro.com/2022/criptomoedas/bitcoin-btc-xangai-china-ccgg/. Acesso em: 12 ago. 2022.

GARCIA, Emerson. *Ministério Público*: Organização, Atribuições e Regime Jurídico. 6. ed. São Paulo: Saraiva, 2017.

GIDDENS, Anthony. *As consequências da modernidade*. Traduzido para o português do Brasil por Fernando Luís Machado e Maria Manuela Rocha. 4. ed. São Paulo: editora Oeiras, 2005.

GOMES, Daniel de Paiva. Moedas digitais, moedas eletrônicas, moedas virtuais e criptomoedas: sinônimos ou termos com significado próprio? Especialista explica o que são moedas digitais e quais os cuidados para investir nelas. *Portal Terra*, 24 jan. 2020. Disponível em: https://www.terra.com.br/noticias/dino/moedas-digitais-moedaseletronicas-moedas-virtuais-e-criptomoedas-sinonimos-ou-termos-com-significadoproprio,802ab7ee3263ecd7d9ef8d21133cbbf19cjs1sb1.html. Acesso em: 23 maio 2022.

GOMES, Tiago Severo Pereira. Bockchain: juridicidade de suas aplicações pelo direito brasileiro. *In*: COSTA, Isac Silveira da; PRADO, Viviane Muller; GRUPENMACHER, Giovana Treiger (orgs.). *Cryptolaw*: inovação, direito e desenvolvimento. Editora Almedina, São Paulo: 2020.

GUERRA, Sidney. A Internet e os Desafios para o Direito Internacional. *Buscalegis*, 2009. Disponível em: http://www.buscalegis.ufsc.br/revistas/index.php/buscalegis/article/view/32792/31987. Acesso em: 21 maio 2022.

GRUPENMACHER, Giovana; MARTINS, Alessandra Carolina Rossi; GUAZELLI, Tatiana; HOMEM DE MELLO, José Luiz. Desafios regulatórios em torno da emissão e negociação de criptoativos e o sandbox como uma possível solução. *Portal Gov*, set. 2019. Disponível em: https://www.gov.br/cvm/pt-br/centrais-de-conteudo/publicacoes/apresentacoes/apresentacoes-realizadas-pelo-mercado/2019/apresentacao-desafios-regulatorios-em-torno-da-emissao-e-negociacao-de-criptoativos-e-o-sandbox-como-uma-possivel-solucao-13-9-2019. Acesso em 30 mar.2022.

HAYEK, Friedrich August von. *O Caminho da servidão*. 5. ed. São Paulo: editora Instituto Liberal, 1990.

HOLMES, Stephen. Lineages of the Rule of Law. *In*: MARAVALL, José María; PRZEWORSKI, Adam (Ed.). *Democracy and the Rule of Law*. Cambridge: Cambridge University Press, 2003. p. 19-61. Disponível em: https://www.cambridge.org/core/books/democracy-and-the-rule-of-law/C0F789442D4F7E9B73C8340883059D14. Acesso em: 6 jan. 2023.

MARAVALL, José Maria. *Democracy and the Rule of Law*. Inglaterra: editora Cambridge University Press, 2003.

IAMUNDO, Eduardo. *Sociologia e Antropologia do Direito*. São Paulo: editora Saraiva, 2012.

INACARATO, Flávio Henrique Azevedo. Breve análise do metaverso sob a ótica do direito. *Portal Migalhas*, 05 abr. 2022. Disponível em: https://www.migalhas.com.br/depeso/363211/breve-analise-do-metaverso-sob-a-otica-do-direito. Acesso em: 13 ago. 2022.

JESUS, Damásio Evangelista de. *Código Penal Comentado*. São Paulo: editora Saraiva, 2016.

KOZLOVWSKY, Vitor. A natureza jurídica do bitcoin no ordenamento brasileiro em 2022. *Portal Migalhas*, 18 mar. 2022. Disponível em: https://www.migalhas.com.br/depeso/361852/a-natureza-juridica-do-bitcoin-no-ordenamento-brasileiro-em-2022. Acesso em: 12 ago. 2022.

KUFA, Karina; BARRETO, Alessandro Gonçalves; SILVA, Marcelo Mesquita. *Cibercrimes e seus reflexos no Direito Brasileiro*. 3. ed. rev., atual. e ampl. Salvador: editora Juspodium, 2022.

LARGHI, Nathália. Brasileiros são treinados por FBI e CIA para combater crimes cibernéticos e de criptomoedas. *Valorinvest (Globo)*, 24 maio 2022. Disponível em: https://valorinveste.globo.com/mercados/brasil-e-politica/noticia/2022/05/24/brasileiros-sao-treinados-por-fbi-e-cia-para-combater-crimes-ciberneticos-e-de-criptomoedas.ghtml. Acesso em: 23 ago. 2022.

Lei que regulamenta criptomoedas é prioridade na Câmara, definem Arthur Lira e Ricardo Barros. *Revista Exame*, 20 jul. 2022. Disponível em: https://exame.com/future-of-money/lei-que-regulamenta-criptomoedas-e-prioridade-na-camara-definem-arthur-lira-e-ricardo-barros/. Acesso em: 20 ago. 2022.

LEONARDI, Marcel. *Responsabilidade Civil dos Provedores de Serviços de Internet*. São Paulo: editora Juarez de Oliveira, 2005.

LUHMANN, Niklas. *The autopoiesis of social systems*. Sociocybernetic paradoxes: observation, control and evolution of self-steering systems. *The unity of the legal systems*. Autopoietic law: a new approach to law and society. *Closure and openness: on reality in the world of law*. Autopoietic law: a new approach to law and society.

LIMA, Renato Brasileiro de. *Legislação Criminal Especial Comentada*. 7. ed. rev. atual. e ampl. Salvador: editora Jus Podivm, 2019.

LONGO, Laelya. Biden publica diretrizes sobre criptoativos. E o Brasil com isso? *Valor Investe*, 15 mar. 2022. Disponível em: https://valorinveste.globo.com/mercados/cripto/noticia/2022/03/15/biden-publica-diretrizes-sobre-criptoativos-e-o-brasil-com-isso.ghtml. Acesso em: 04 jul. 2022.

LYRA, João Guilherme. *Blockchain e Organizações Descentralizadas*. 1. ed. Kindle. São Paulo: editora Brasport, 2019.

MACHADO, Marta Rodrigues Assis. *Sociedade do Risco e Direito Penal*: uma avaliação de novas tendências político-criminais. São Paulo: IBCCrim, 2005.

MACHADO, R. M.; BARBOSA, M. A.; SOUZA, M. R. de. Direito na Sociedade da Informação: Paradoxos da Sociedade em Rede – Coletividade X Individualismo nas Comunidades Reais e Virtuais. *Prim Facie, [S. l.]*, v. 18, n. 38, p. 01-29, 2019. DOI: 10.22478/ufpb.1678-2593.2019v18n38.41706. Disponível em: https://periodicos.ufpb.br/index.php/primafacie/article/view/41706. Acesso em: 20 ago. 2022.

MALAR, João Pedro. Câmara aprova projeto de lei que regulamenta setor de criptomoedas no Brasil. *Revista Exame*, 29 nov. 2022. Disponível em: https://exame.com/future-of-money/camara-dos-deputados-aprova-projeto-de-lei-que-regula-setor-de-criptomoedas/. Acesso em: 29 nov. 2022.

MALAR, João Pedro Malar. Entenda como funciona o primeiro ETF de bitcoin nos Estados Unidos. *CNN BRASIL*, 20 out. 2021. Disponível em: https://www.cnnbrasil.com.br/business/entenda-como-funciona-o-primeiro-etf-de-bitcoin-nos-estados-unidos/. Acesso em: 20 maio 2022.

MALAR, João Pedro. Falta de segregação de ativos em lei sobre criptomoedas divide especialistas. *Revista Exame*, 30 nov. 2022. Disponível em: https://exame.com/future-of-money/falta-de-segregacao-de-ativos-em-lei-sobre-criptomoedas-divide-especialistas/. Acesso em: 06 dez. 2022.

MALAR, João Pedro. Regulação de criptoativos é defendida por 90% do mercado brasileiro, diz pesquisa. *Revista Exame*, 10 nov. 2022. Disponível em: https://exame.com/future-of-money/regulacao-de-criptoativos-e-defendida-por-90-do-mercado-brasileiro-diz-pesquisa/. Acesso em: 16 dez. 2022.

MARQUES, Gabriel. Maior banco da Argentina começa a oferecer negociação de criptomoedas. *Revista Exame*, 03 maio 2022. Disponível em: https://exame.com/future-of-money/maior-banco-da-argentina-comeca-a-oferecer-negociacao-de-criptomoedas/. Acesso em: 20 ago. 2022.

MARTINES, Fernando. Banco Central deve impor a segregação patrimonial no setor de criptomoedas. *Universo Online (UOL)*, 02 dez. 2022. Disponível em: https://portaldobitcoin.uol.com.br/banco-central-deve-impor-a-segregacao-patrimonial-no-setor-de-criptomoedas/. Acesso em: 07 dez. 2022.

MARTINS, Amanda Cunha e Mello Smith. Marco legal dos criptoativos: o que esperar do futuro das moedas digitais. *Consultor Jurídico*, 06 dez. 2022. Disponível em: https://www.conjur.com.br/2022-dez-06/direito-digital-marco-legal-criptoativos-oque-esperar-futuro-moedas-virtuais. Acesso em: 06 dez. 2022.

MIATO, Bruna. De US$ 32 bilhões a zero: o que aconteceu com a gigante das criptomoedas FTX. *G1 (Globo)*, 18 nov. 2022. Disponível em: https://g1.globo.com/economia/noticia/2022/11/18/de-us-32-bilhoes-a-zero-o-que-aconteceu-com-a-gigante-das-criptomoedas-ftx.ghtml. Acesso em: 06 dez. 2022.

MINISTÉRIO PÚBLICO DO PARÁ. CAO de Políticas Criminais realiza curso de investigação de crimes cibernéticos, em parceria com Acadepol e CEAF. *MPPA – Ministério Publico do Estado do Pará*, 01 dez. 2021. Disponível em: https://www2.mppa.mp.br/noticias/cao-de-politicas-criminais-realiza-curso-de-investigacao-de-crimes-ciberneticos-em-parceria-com-acadepol-e-ceaf.htm. Acesso em: 23 ago. 2022.

MORAES, Alexandre de. *Direitos humanos fundamentais*. 9. ed. São Paulo: Atlas, 2011.

MUGGAH, Robert. O problema do cibercrime no Brasil: está na hora de os legisladores brasileiros começarem a levar a sério o crime cibernético. *Jornal El País*, 22 out. 2015. Disponível em: https://brasil.elpais.com/brasil/2015/10/23/opinion/1445558339_082466.html. Acesso em: 10 ago. 2022.

NASCIMENTO, Valéria Ribas do; GADENZ, Danielli; LA RUE, Letícia Almeida. Perspectivas para o exercício da cibercidadania: como a utilização de assinaturas digitais para a subscrição de projetos de lei de iniciativa popular pode contribuir para a democracia? *Revista de Informação Legislativa do Senado Federal*, Ano 51, n. 202, p. 93-114, abr./jun. 2014. Disponível em: https://www2.senado.leg.br/bdsf/bitstream/handle/id/503039/001011316.pdf?sequence=1. Acesso em: 24 abr. 2022.

NICOCELI, Artur; MALAR, João Pedro. Regulação de criptomoedas avançou em diversos países em 2021; confira. *CNN BRASIL*, 28 dez. 2022. Disponível em: https://www.cnnbrasil.com.br/business/regulacao-de-criptomoedas-avancou-em-diversos-paises-em-2021-confira/. Acesso em: 20 ago. 2022.

NOVELINO, Marcelo. *Direito Constitucional*. 2. ed. São Paulo: Método, 2008.

NUCCI, Guilherme de Souza. *Organização Criminosa*. 5 ed. Rio de Janeiro: Forense, 2021.

PATURY, Fabrício Rabelo; SALGADO, Fernanda Veloso. *A Política Criminal do Núcleo de Combate aos Crimes Cibernéticos do Ministério Público do Estado da Bahia no enfrentamento aos ilícitos cometidos no âmbito digital*. Disponível em: https://www.mpba.mp.br/sites/default/files/biblioteca/criminal/artigos/diversos/a_politica_criminal_do_nucleo_de_combate_aos_crimes_ciberneticos_do_ministerio_publico_do_estado_da_bahia._-_fabricio_rabelo_patury_e_fernanda_veloso_salgado.pdf?download=1. Acesso em: 23 ago. 2022.

PÉREZ LÓPEZ, X. Las criptomonedas: consideraciones generales y empleo de las criptomonedas como instrumento de blanqueo de capitales en la Unión Europea y en España. *Revista De Derecho Penal Y Criminología*, n.18, 141-187, 2019. Recuperado a partir de: https://revistas.uned.es/index.php/RDPC/article/view/24454. Acesso em: 01 nov. 2022.

PÉREZ LUÑO, Antonio Enrique. *¿Cibercidadani@ o ciudadani@.com?* Barcelona: Gedisa, 2004.

PÉREZ LUÑO, Antonio Enrique. *Ensayos de Informática Jurídica*. México, DF: Distribuciones Fontamara, 1996.

PIEDADE, Antônio Sérgio Cordeiro. *Criminalidade organizada e a dupla face do princípio da proporcionalidade*. Tese (Doutorado em Direito) – Pontifícia Universidade Católica de São Paulo, São Paulo, 2013. Disponível em: https://www.sapientia.pucsp.br/handle/handle/6194?mode=full. Acesso em: 04 dez. 2022.

PIOVESAN, Flávia. *Direitos humanos e direito constitucional internacional*. 11. ed. São Paulo: Saraiva, 2010.

PONTE, Antônio Carlos da. *Crimes eleitorais*. 2. ed. São Paulo: Saraiva, 2016.

RAMOS, André Luiz Santa Cruz. *Direito Empresarial*. 8. ed. São Paulo: Editora Método, 2018.

República Centro-Africana é 1º país no continente a legalizar bitcoin. *Revista Exame*, 25 abr. 2022. Disponível em: https://exame.com/future-of-money/republica-centro-africana-e-1o-pais-no-continente-a-legalizar-bitcoin/. Acesso em: 20 ago. 2022.

REVOREDO, Tatiana. Legislação da União Europeia sobre criptoativos (MiCA e TOFR). *Consultor Jurídico*, 08 ago. 2022. Disponível em: https://www.conjur.com.br/2022-ago-08/tatiana-revoredo-legislacao-ue-criptoativos. Acesso em: 10 dez. 2022.

REZEK, Francisco; GUIDI, Guilherme Berti de Campos. Crimes na internet e cooperação em matéria penal entre Brasil e Estados Unidos. *Revista Brasileira de Políticas Públicas (UNICEUB)*, v. 8, n. 1, abr. 2018.

RODOTÀ, Stefano. *A vida na sociedade da vigilância*: A privacidade hoje. São Paulo: editora Renovar, 2008.

RODRIGUES, Gustavo; KURTZ, Lahis. *Criptomoedas e regulação antilavagem de dinheiro no G20*. Instituto de Referência em Internet e Sociedade: Belo Horizonte, 2019. Disponível em: http://bit.ly/2m9pOz0. Acesso em: 22 ago. 2022.

ROSENVALD, Nelson; NETTO, Felipe Braga. Primeiros comentários sobre o Marco das Criptomoedas (Lei n. 14.478/2022, de 21 de dezembro de 2022). Meu Site Jurídico, 23 dez. 2022. Disponível em: https://meusitejuridico.editorajuspodivm.com.br/2022/12/23/primeiros-comentarios-sobre-o-marco-das-criptomoedas-lei-no-14-478-2022-de-21-de-dezembro-de-2022/. Acesso em: 23 dez. 2022.

ROXIN, Claus. *Estudos de direito penal*. Trad. Luís Greco. 2. ed. Rio de Janeiro: editora Renovar, 2008.

SAAVEDRA, Giovani Agostini. Compliance na Nova Lei de Lavagem de Dinheiro. *Revista Síntese: direito penal e processual penal*, RDP n. 75, ago./set. 2012.

SANCHES, Neuza. Criptoativos: "Nova lei não impede escândalos como a FTX no Brasil". *Revista Veja*, 15 dez. 2022. Disponível em: https://veja.abril.com.br/coluna/neuza-sanches/criptoativos-nova-lei-nao-impede-escandalos-como-a-ftx-no-brasil/. Acesso em: 15 dez. 2022.

SARLET, Ingo Wolfgang. *A eficácia dos direitos fundamentais*. 10. ed. Porto Alegre: Livraria do Advogado, 2010.

SCHROEDER, Pete. Tesouro dos EUA quer informação de riscos e benefícios de criptomoedas. *Agência Brasil*, 13 jul. 2022. Disponível em: https://agenciabrasil.ebc.com.br/internacional/noticia/2022-07/tesouro-dos-eua-quer-informacao-de-riscos-e-beneficios-de-criptomoedas. Acesso em: 20 ago. 2022.

Senadores dos EUA apresentam projeto de lei para reprimir lavagem de dinheiro com criptos. *Infomoney CoinDesk Brasil*, 14 dez. 2022. Disponível em: https://www.infomoney.com.br/mercados/senadores-dos-eua-apresentam-projeto-de-lei-para-reprimir-lavagem-de-dinheiro-com-criptos/. Acesso em: 15 dez. 2022.

SENNA, Felipe; FERRARI, Daniella. Convenção de Budapeste e crimes cibernéticos no Brasil. *Portal Migalhas*, 21 out. 2020. Disponível em: https://www.migalhas.com.br/depeso/335230/convencao-de-budapeste-e-crimes-ciberneticos-no-brasil. Acesso em: 30 nov. 2022

SHAIKH, Anwar. *Capitalism*: competition, conflict, crises. New York: editora Oxford University Press, 2016.

'Sheik dos Bitcoins' é preso preventivamente em operação da Polícia Federal, em Curitiba. *Portal Globo (G1)*, 03 nov. 2022. Disponível em: https://g1.globo.com/pr/parana/noticia/2022/11/03/sheik-dos-bitcoins-e-preso-em-operacao-da-policia-federal-em-curitiba.ghtml. Acesso em: 05 nov. 2022.

SHIMABUKURO, Adriana. *As investigações na era das moedas digitais*; 2ª Câmara de Coordenação e Revisão, Criminal. *Revista do Ministério Público Federal (MPF)*, Brasília, Coletânea de artigos; v. 3, p. 53-72, 2018. 275 p. Disponível em: https://memorial.mpf.mp.br/nacional/vitrine-virtual/publicacoes/crimes-ciberneticos-coletanea-de-artigos. Acesso em: 22 ago. 2022.

SILVA, José Afonso da. *Curso de Direito Constitucional Positivo*. 9. ed. São Paulo: Malheiros, 1992.

SILVA, Mariana Maria. Marco Regulatório Cripto é aprovado após 7 anos, mas divide opiniões entre corretoras. *Revista Exame*, 30 nov. 2022. Disponível em: https://exame.com/future-of-money/marco-regulatorio-cripto-e-aprovado-apos-7-anos-mas-divide-opinioes-entre-corretoras/. Acesso em: 07 dez. 2022.

SILVA SÁNCHEZ, Jesús María. *La expansión del Derecho Penal*: Aspectos de la política criminal en las sociedades postindustriales. 2. ed. Montevideo/Buenos Aires: Editorial IB de F, Julio César Faira – Editor, 2006.

SILVEIRA, Artur Barbosa da. As cinco dimensões dos direitos fundamentais e a problemática envolvendo a dificuldade de implementação da democracia participativa nos moldes propostos por Paulo Bonavides. *Revista de Direito Constitucional e Internacional. Revista dos Tribunais*, v. 117, p. 83-102, jan./fev. 2020.

SILVEIRA, Artur Barbosa da. Os crimes cibernéticos e a Lei nº 12.737/2012 (Lei Carolina Dieckmann). *Portal Jus*, 25 jan. 2015. Disponível em: https://jus.com.br/artigos/35796/os-crimes-ciberneticos-e-a-lei-n-12-737-2012-lei-carolina-dieckmann. Acesso em: 12 ago. 2022.

SILVEIRA, Renato de Mello Jorge. *Bitcoin e suas fronteiras penais*: em busca do marco penal das criptomoedas. Belo Horizonte: editora D'Plácido, 2018. p. 109-110.

SOUZA PINTO, Felipe Chiarello; RAMOS, Taís; CYRINO, Adriana Coppo. Aspectos controversos e vantagens do Bitcoin: análise da visão das instituições financeiras brasileiras. *Revista Jurídica Unicuritiba*, Curitiba, v. 04, n. 53, p. 524-550, 2018.

SUPERIOR TRIBUNAL DE JUSTIÇA. *Conflito de Competência nº 161.123/SP*. 3ª Seção. Relator o Ministro Sebastião Reis Júnior. Data do julgamento: 28.11.2018. Disponível em: https://stj.jusbrasil.com.br/jurisprudencia/661801952/conflito-de-competencia-cc-161123-sp-2018-0248430-4/inteiro-teor-661801962. Acesso em: 23 ago. 2022.

SUPERIOR TRIBUNAL DE JUSTIÇA. *HC nº 530.563/RS*. 6ª Turma. Relator o Ministro Sebastião Reis Júnior. Data do julgamento: 05.03.2020. Disponível em: https://processo.stj.jus.br/processo/revista/documento/mediado/?componente=ITA&sequencial=1919031&num_registro=201902596988&data=20200312&formato=PDF. Acesso em: 23 ago. 2022.

SMANIO, Gianpaolo Poggio; NUNES, Andréia Regina Schneider. Transparência e controle social de políticas públicas: efetivação da cidadania e contribuição ao desenvolvimento. *Revista Interfaces Científicas – Humanas e Sociais*, Aracaju, v. 4, n. 3, 2016.

STRECK, Lenio Luiz. Da proibição de excesso (ubermassverbot) à proibição de proteção deficiente (untermassverbot): de como não há blindagem contra normas penais inconstitucionais. *Revista do Instituto de Hermenêutica*, Porto Alegre, IHJ, 2003.

TOMÉ, Matheus Parchen Dreon. *A natureza jurídica do bitcoin*. Porto Alegre: Elegantia Juris, 2019.

UHDRE, Dayana de Carvalho. Breve overview do marco legal dos criptoativos. *Portal Migalhas*, 06 dez. 2022. Disponível em: https://www.migalhas.com.br/depeso/378134/breve-overview-do-marco-legal-dos-criptoativos. Acesso em: 15 dez. 2022.

ULRICH, Fernando. *Bitcoin*: a moeda na era digital. São Paulo: editora Instituto Ludwig von Mises, 2014.

UNIÃO. MINISTÉRIO PÚBLICO FEDERAL. *Câmara Criminal do MPF aprova venda imediata de criptoativos apreendidos na Operação Kryptus e depósito em conta judicial*. 15 set. 2021. Disponível em: http://www.mpf.mp.br/pgr/noticias-pgr/camara-criminal-do-mpf-aprova-venda-imediata-de-criptoativos-apreendidos-na-operacao-kryptus-e-deposito-em-conta-judicial. Acesso em: 23 ago. 2022.

UNIÃO. MINISTÉRIO PÚBLICO FEDERAL. *Perguntas Frequentes*. Disponível em: http://www.mpf.mp.br/servicos/sac/acesso-a-informacao/perguntas-frequentes/sobre-o-ministerio-publico-federal-mpf. Acesso em: 23 ago. 2022.

UNIÃO. SENADO FEDERAL. *Projeto de Lei nº 4.401, de 2021*. Disponível em: https://legis.senado.leg.br/sdleg-getter/documento?dm=9138994&ts=1653562815608&disposition=inline. Acesso em: 20 ago. 2022.

Vitalik Buterin. In: WIKIPEDIA: a enciclopédia livre. Disponível em: https://en.wikipedia.org/wiki/Vitalik_Buterin. Acesso em: 01 ago. 2022.

Volume de negociação de criptomoedas no Brasil já equivale a 50% do total das operações da B3. *Revista Exame*, 01º jun. 2022. Disponível em: https://exame.com/future-of-money/volume-de-negociacao-de-criptomoedas-no-brasil-ja-equivale-a-50-do-total-das-operacoes-da-b3/. Acesso em: 20 ago. 2022.

WERTHEIN, Jorge. A sociedade da informação e seus desafios. *Ci. Inf.*, Brasília, v. 29, n. 2, p. 71-77, maio/ago. 2000. Disponível em: https://www.scielo.br/j/ci/a/rmmLFLLbYsjPrkNrbkrK7VF/?lang=pt&format=pdf, acesso em: 23 maio 2022.

WOLOSZYN, André Luís. Ciberespionagem: entraves na apuração de provas e responsabilização penal. Crimes cibernéticos; 2ª Câmara de Coordenação e Revisão, Criminal. *Revista do Ministério Público Federal (MPF)*, Brasília, Coletânea de artigos, v. 3, p. 134/135, 2018. 275p. Disponível em: https://memorial.mpf.mp.br/nacional/vitrine-virtual/publicacoes/crimes-ciberneticos-coletanea-de-artigos. Acesso em: 22 ago. 2022.

ZAFFARONI, Eugenio Raúl *et al*. *Direito penal brasileiro*. Rio de Janeiro: editora Revan, 2003.

ZANATTA, Rafael; SANTOS, Bruna Martins dos; SALIBA, Pedro; VERGILI, Gabriela; CUNHA, Brenda. Os cuidados com a Convenção de Budapeste. *Portal Jota*, 08 jul. 2021. Disponível em: https://www.jota.info/opiniao-e-analise/colunas/agenda-da-privacidade-e-da-protecao-de-dados/os-cuidados-com-a-convencao-de-budapeste-08072021. Acesso em: 22 ago. 2022.